ITALIEN
zu jeder *Jahreszeit*

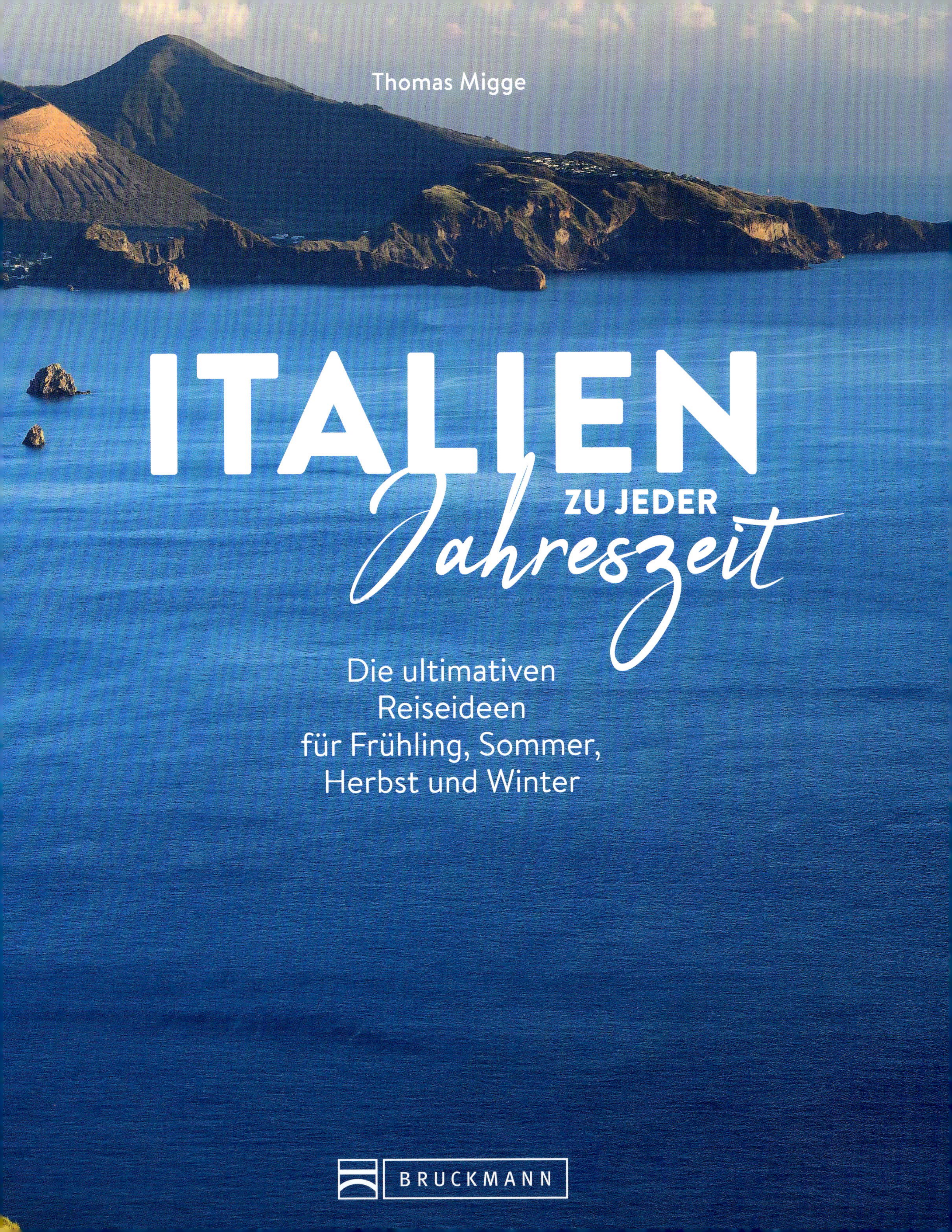

Thomas Migge

ITALIEN ZU JEDER *Jahreszeit*

Die ultimativen
Reiseideen
für Frühling, Sommer,
Herbst und Winter

BRUCKMANN

INHALT

SOMMER 66

Oben, von links nach rechts:
Pittoreskes Dorf Usseaux im Piemont.
Griechiches Amphitheater im sizilianischen Siracusa.

Unten, von links nach rechts:
Malerische Strandpromenade von Cefalù auf Sizilien.
Kräftige Männer bei der Mysterienprozession in Trapani.
Barocker Pretoriabrunnen im Herzen Palermos.
Sonnenaufgang am Sella-Pass im Trentino.
Blumenteppich im umbrischen Spello.

HERBST 108

Oben, von links nach rechts:
Direkt am Meer: Atrani an der Amalfiküste.
Morgenlicht am Federa-See in den Dolomiten.

Unten, von links nach rechts:
Malerische Kanäle in Chioggia bei Venedig.
Eingangssymbol zur schicken Costa Smeralda.

WINTER 144

Wohnen direkt am See im zauberhaften Orta San Giulio.
Falzargopass bei Cortina d'Ampezzo.
Krippenfiguren in der neapolitanischen Via San Gregorio Armeno.

INHALT NACH REGIONEN

Links: Das pittoresk gelegene Dorf Viggianello in der Basilikata.
Rechts: Dolomitenpracht in Südtirol.

Barockpracht gleich am
Eingang in die Stadt:
die Porta Napoli in Lecce.

DEUTSCHLAND
Salzburg
BUDAPEST
Basel
Innsbruck
Graz
Luzern
ÖSTERREICH
Balaton
Bern
UNGARN
SCHWEIZ
Glurns
Bozen
16
Villach
Klagenfurt
Maribor
Kaposvár
Lausanne
Cortina d'Ampezzo
46
SLOWENIEN
Trento
Zagreb
Ljubljana
Bassano di Grappa
Aquileia
Aosta
Orta
San Giulio
Como
48
Lecco
43
Bergamo
KROATIEN
Treviso
Ivrea
34
44
Brescia
Golf von Venedig
53
MAILAND
5
22
54
Venedig
Rijeka
Susa
Pavia
Cremona
39
Chioggia
47
TURIN
55
Mantua
51
Banja Luka
1
31
Ferrara
Pomposa
Pula
Parma
Comacchio
BOSNIEN UND HERZEGOWINA
GENUA
Bologna
Ravenna
Golf von Genua
Zadar
24
Monsummano Terme
14
13
La Spezia
Prato
15
Pesaro
49
San Remo
Lucca
60
Florenz
Ventimiglia
Urbino
Split
Pisa
Ancona
Nizza
42
Livorno
Mostar
Arezzo
Cannes
21
Siena
Adriatisches Meer
Ligurisches Meer
Perugia
48
50
MONTENEGRO
Elba
20
Grosseto
Orvieto
Spoleto
59
10
Bastia
12
Terni
Pescara
Korsika
27
37
Viterbo
L'Aquila
Tarquinia
Ajaccio
48
56
ROM
Subiaco
ITALIEN
San Giovanni Rotondo
Monte S. Angelo
Manfredonia
17
19
25
Cassino
Foggia
Trani
Bonifacio
Terracina
Bari
36
Caserta
Benevento
2
Monopoli
41
Porto Cervo
7
29
Martina Franca
Olbia
Palmarola
Ponza
30
57
NEAPEL
Potenza
Matera
23
Brindisi
Sassari
Ischia
58
33
Salerno
8
35
45
Capri
32
11
Castelmezzano
Tarent
Lecce
40
Otranto
Macomer
Agropoli
Lauria
Leuca
Oristano
Sardinien
Castrovillari
Corigliano Calabro
Barumini
Guspini
Paola
Cosenza
Iglesias
Crotone
Cagliari
Nicastro
Catanzaro
Liparische Inseln
Stromboli
Ustica
Salina
Panarea
38
Lipari
Locri
3
PALERMO
Messina
26
MITTELMEER
Trapani
6
Reggio di Calabria
Ionisches Meer
Bagheria
Cefalù
52
Taormina
Marsala
Corleone
9
Catania
Piazza Amerina
Sizilien
4
Agrigent
18
Syrakus
28
Annaba
Modica
Noto
TUNIS
Pantelleria
ALGERIEN
TUNESIEN
MALTA
Malta
N
0
50 km

Grandioser Sonnenuntergang in der wilden Bergwelt des Gran-Sasso-Massivs in der mittelitalienischen Region Abruzzen.

ERSTAUNLICHE EINBLICKE

Die Schönheit des Landes lässt sich nicht in Zahlen fassen – und doch erstaunen manche Fakten über unser Lieblingsziel im Süden: Stichwort Wald, Wein, Welterbe und Espresso. Die Schönheit des Landes lässt sich nicht in Zahlen fassen.

ITALIEN QUERBEET

Die Republik Italien ist gut **300 000 Quadratkilometer** groß und steht damit auf **Platz 7** der größten Staaten der Europäischen Union. Von Ost nach West misst das Stiefelland **700** und von Nord nach Süd **1200 Kilometer.** Wer es durchfährt, kommt an den enormen wirtschaftlichen Unterschieden nicht vorbei – und sieht jede Menge Kulturschätze, von etruskischen Gräbern über die Kunst der Renaissance bis zu modernster Architektur. Die Tempel, Kirchen, Klöster, Burgen und Orte liegen eingebettet in Landschaften, wie sie abwechslungsreicher kaum sein könnten, zwischen Bergen und Strand, waldreichen Tälern und wilden Hochebenen.

11,5 LITER OLIVENÖL

verbrauchten die Italienerinnen und Italiener 2020 pro Kopf (Quelle: Assitol). Dabei spielte zunehmend die Qualität eine Rolle: Vor allem jüngere Konsumenten achten auf »natives Olivenöl extra vergine«.

24 NATIONALPARKS

schützen 1,5 Millionen Hektar Landesfläche. Der kleinste, der Parco Nazionale delle Cinque Terre an der ligurischen Küste, umfasst nur 3680 Hektar; der größte, der Nationalpark Pollino, erstreckt sich auf mehr als 192 000 Hektar über Teile von Kalabrien und der Basilikata in Süditalien. Der älteste Nationalpark Gran Paradiso feierte 2022 seinen 100. Geburtstag.

600 PASTASORTEN

gibt es angeblich landesweit, andere Quellen sprechen von 300. *Pasta* bedeutet schlicht »Teigware«, die Sorten unterscheiden sich in der Länge, der Form, ob sie hohl, gefüllt, glatt, rau oder geriffelt sind. Der Teig besteht zumeist aus Hartweizengrieß.

65 MILLIONEN

Besucherinnen und Besucher kamen 2019 nach Italien, damit steht das Land auf Rang 5 der beliebtesten Reiseländer weltweit (UNWTO, 2020). Vermutlich gehören auch jede Menge italienischstämmige Ausländer dazu – ihre Zahl übersteigt sogar die 60 Millionen Einwohner des Landes.

14 MILLIARDEN TASSEN

Espresso werden im Jahr zwischen Alpen und Apulien ausgeschenkt. Zumeist dürfte er italienische Kehlen hinunterrinnen – der Konsum beläuft sich auf 3,7 Kilogramm Kaffee pro Kopf. Noch ausgiebiger lassen sich die Einheimischen ihren Wein schmecken: 43 Liter pro Nase und Jahr weist die Statistik aus.

58 WELTERBESTÄTTEN

verteilen sich über den Stiefel und Sardinien, das ist Weltrekord! 53 Weltkultur- und fünf Weltnaturstätten werden gelistet, die höchste Dichte befindet sich in der Region Lombardei. Die Felsbilder im Valcamonica waren 1979 der erste italienische Beitrag, die Bauten der Nuraghen auf Sardinien und die historischen Theater der Region Marken kamen 2021 hinzu.

38,6 PROZENT DER LANDESFLÄCHE

sind von Wald bedeckt (2018). Vor 85 Jahren war es nur halb so viel. Insgesamt 11,9 Millionen Hektar Wald erstrecken sich heute über Italien, das ist eine größere Fläche als für den landwirtschaftlichen Anbau und als Weideland genutzt wird.

26 ITALIENISCHE UNTERNEHMEN

stehen auf der Liste von Forbes Global 2000 für das Geschäftsjahr 2021. Darin versammelt das *Forbes Magazine* die 2000 erfolgreichsten Firmen weltweit. Auf **Rang 73** führt der Energiekonzern Enel mit **86 Milliarden US-Dollar Umsatz** die nationale Wertung an, Ferrari kommt an **1149. Stelle**, der Reifenhersteller Pirelli liegt auf **Rang 1891**. Der Mischkonzern Exor gilt als wichtigstes Unternehmen des Landes, bis heute familiengeführt. Allerdings liegt der Hauptsitz in den Niederlanden. Über **95 Prozent** der italienischen Betriebe haben weniger als zehn Mitarbeiterinnen und Mitarbeiter.

Fantasiereiche Masken
und Kostüme: typisch
für Venedigs Karneval.

Skulpturen des Bildhauers
Igor Mitorai vor dem Dom
von Noto auf Sizilien.

EROS

VORWORT

EIN LAND FÜR JEDE JAHRESZEIT

In die skandinavischen Länder sollte man im Sommer reisen, um möglichst viel Sonnenlicht zu genießen, ins südliche Afrika im Winter, wenn es nicht so heiß ist. Italien aber hat zu jeder Jahreszeit und bei jedem Wetter viel zu bieten – das ideale Reiseland fürs ganze Jahr!

Klar, Italien ist ein Reiseland. Und was für eines. Mit kilometerlangen Sandstränden und versteckten Badebuchten. Mit hohen Bergen nicht nur in Norditalien, sondern auch in der Mitte, nur eine Autostunde von Rom entfernt. Mit Städten voller Kunst und mit vielen und ziemlich unterschiedlichen Inseln, die für jeden Geschmack etwas zu bieten haben. Mit Vulkanen und antiken Ruinen allerorten. Mit Wäldern, in denen einsam gelegene Klöster locken, und mit mondänen Ferienorten am Meer und in den Bergen.

Nicht selten liegt bis weit in den Frühling hinein Schnee auf dem Vesuv, und schon im frühen Herbst kann es in den Dolomiten und im Gran-Sasso-Massiv heftig schneien. Winterliche Strandspaziergänge sind fantastisch auf Sizilien, wenn um Weihnachten herum die Sonne wärmt.

Es ist sicherlich nicht leicht, ein in jeder Hinsicht geologisch, meteorologisch, geografisch, künstlerisch und landschaftlich so vielfältiges Land auf vier Jahreszeiten festzulegen. Sizilien etwa: Italiens größte Insel wird vor allem im Sommer von in- und ausländischen Touristen besucht, doch auch im übrigen Jahr (bzw. *vor allem* im übrigen Jahr) bietet die Insel viel Reizvolles, wenn Strände und Ferienorte nicht überlaufen sind, wenn sie Einsamkeit und Ruhe pur bereithalten. Das gilt auch für Rom und Florenz und viele andere italienische Orte, die man in der Regel nur mit dem Sommer, also mit strahlender Sonne, mit Hitze und vielen Besuchern, in Verbindung bringt.

Natürlich muss man sich in den kühleren Jahreszeiten unter Umständen mit einem Schirm ausrüsten und die Badeschlappen und Sandalen mit festen Schuhen gegen Kühle, Kälte, Regen und Schnee austauschen. Aber es reicht ein Perspektivenwechsel, denn Italien bietet Reisenden zwölf Monate lang ganz besondere Ein- und Anblicke.

Zum Beispiel, wenn man die eine Gegend, die eine Stadt oder Region zu einer ganz besonderen Festlichkeit besucht – Neapel bietet da beispielsweise während der Weihnachtszeit und um den Jahreswechsel herum etwas in ganz Italien Einzigartiges: eine lange Straße mitten in der Altstadt, in der die Menschen Krippen und Krippenfiguren bestaunen und kaufen können. Und wer zu Ostern nach Sizilien oder ins übrige Süditalien reist, wird Zeuge eindrucksvoller und uralter religiöser Prozessionen, mit denen viele Menschen an den Tod Christi erinnern: u. a. mit Kapuzenmännern, die große Figuren durch die Straßen tragen. Und wer zum Palio ins toskanische Siena fährt und sich einen guten Platz auf der Piazza del Campo sichern kann, wird Zeuge des einzigartigen hiesigen, schnellen und gefährlichen Pferderennens, das zwar nur einige wenige Minuten dauert, aber tagelang gefeiert wird.

Italien bietet einfach zu jeder Jahreszeit zahllose wunderbare Erlebnisse bei jedem Wetter – und viele davon wird man dort nicht (nur) in der Hauptsaison im Sommer genießen.

← Teilweise wiederaufgerichtet: die Tempel im sizilianischen Agrigent.
↑ Barocke Kirche im schicken Ferienort Taormina.
↗ Der Dogenpalast als perfekte Bühne für karnevaleske Kostümbilder.

Frühlingsblumen in der Bergregion der Abruzzen.

FRÜHLING

Wenn die Sonne noch nicht so heiß ist

1

BEI DEN RELIGIÖSEN REBELLEN

DIE WILDE BERGLANDSCHAFT DER WALDENSER

Romantische Täler, hohe Berge, wunderschöne Wanderwege und kleine, nur schwer erreichbare Ortschaften, in denen vor Jahrhunderten Gläubige der vorreformatorischen evangelischen Kirche Schutz vor Verfolgung fanden, zeichnen diese Gegend aus.

Valdo von Lyon gründete im 12. Jahrhundert eine religiöse Gemeinschaft, die die Armutsideen einer neuen Kirche schon lange vor Franz von Assisi formulierte und sich damit die katholische Amtskirche zum Feind machte. Verfolgt von Päpsten und katholischen Herrschern ließen sich die Waldenser in den damals noch sehr einsamen Valli Valdesi nieder. Hier konnten sie in relativem Frieden ihren Glauben leben. Die Ortschaft Torre Pellice ist heute der Hauptort dieser Glaubensgemeinschaft, der rund 35 000 Italiener angehören.

Wilde Berge und eine gewaltige Festung

In den Waldensertälern, umgeben von einer wilden Berglandschaft mit grandiosen Panoramablicken, befinden sich noch heute sehr romantische kleine Ortschaften, wie etwa Massello, das von nur knapp 60 Menschen bewohnt wird. In vielen dieser Orte stehen noch große Bauernhäuser aus vergangenen Jahrhunderten, heute oft als Ferienhäuser von Waldensern genutzt, die inzwischen hauptsächlich in Turin, Mailand und Rom leben.

Im Val Chisone erhebt sich auf dem Monte Orsiera das Forte di Fenestrelle, die größte Alpenfestung der gesamten Alpen. Dieses kolossale Bauwerk, das zweitgrößte der Welt nach der Chinesischen Mauer, erstreckt sich über ein Gebiet von drei Kilometern und verzeichnet einen Höhenunterschied vom unteren Eingang bis zu den höchst gelegenen Wehranlagen von stolzen 600 Metern. Mit dem Bau dieser zwar nicht schönen, dafür aber wirklich eindrucksvollen Anlage begann das Königreich Savoyen im 18. Jahrhundert.

Nordwestlich von Pinerolo liegt mitten in einer alpinen Postkartenlandschaft, umgeben von herrlichen Bergen, eines der malerischsten Dörfer des Piemont: Usseaux. Viele der alten Gebäude im Dorf sind in den vergangenen Jahren mit Murales (Wandmalereien) verziert worden.

Der Ring der Täler

Die Waldensertäler können zwar bequem mit dem eigenen Pkw erfahren werden, jedoch ist es ein unvergessliches Erlebnis, diese Täler zu erwandern – z. B. über den sogenannten Anello delle Valli Valdesi (Ring der Waldensertäler), einen mittelschweren Wanderweg durch nahezu unberührte Berglandschaft.

Vor allem im Frühling bietet es sich an, diese Wanderung zu unternehmen, wenn es noch nicht so heiß ist. Der Weg führt

von Torre Pellice aus mehr oder weniger kreisförmig durch die Täler und über Berge. Für die insgesamt rund 120 Wanderkilometer sollte man ca. 40 Stunden über acht Etappen verteilt veranschlagen, also etwas mehr als eine Woche. Übernachten und essen kann man in den kleinen und kleinsten Ortschaften am Wegrand sowie in den Berghütten. Der höchste Punkt dieser Wanderung ist auf 2694 Metern Höhe erreicht.

Auf diesem herrlichen Wanderweg kann man gut nachempfinden, warum sich im Mittelalter die ersten Waldenser in dieser einsamen Gegend niederließen.

INFO

BERGE IM BLICK

Wohnen mit Traumausblick? In den Valle Valdesi ist das möglich, ohne astronomisch hohe Preise dafür bezahlen zu müssen – z. B. oberhalb von Villar Pellice, nicht weit vom Waldenserhauptort Torre Pellice entfernt: Dort logiert man in zwar einfachen Bauernhäusern aus Stein und Holz, die aber mit allem nötigen Komfort ausgestattet sind und einen umwerfenden Blick auf die Berge ringsum und ins Tal hinab bieten. In zahlreichen Ortschaften des Tales sind die Häuser noch ursprünglich und wurden bisher nicht durch Modernisierungen verschandelt. Auch die hier lebenden Menschen sind sehr freundlich und noch nicht von Touristen überrannt. Ein vielfältiges und gut markiertes Wanderwegenetz durchzieht die wunderschöne Landschaft.

WEITERE INFORMATIONEN

www.visitpiemonte.com

↖ Malerisches Waldenserdorf in den Bergen der Region Piemont.
↑ Das Forte di Fenestrelle: größte Bergfestung ganz Italiens.

2

GEHEIMTIPP REGGIA DI CASERTA

ITALIENS VERSAILLES IM NORDEN VON NEAPEL

Ein riesiger Palast, in dem sich die italienischen Bourbonen nur im Frühjahr und Herbst aufhielten, rauschende Feste feierten und im Hoftheater die schönsten Opern der neapolitanischen Schule genossen – mit diesem Schloss wollte man dem Versailles des französischen Sonnenkönigs Konkurrenz machen.

Ein fast quadratisches Bauwerk mit 1200 Räumen, 1742 Fenstern und die längste Seite misst 249 Meter. Der Palazzo ist fast 38 Meter hoch, es gibt 1026 Schornsteine und 34 Treppen, deren eindrucksvollste 18,5 Meter breit und 14,5 Meter hoch ist und über 117 Stufen verfügt, sowie vier große Innenhöfe. Die Gesamtfläche des Bauwerks nimmt unglaubliche 47 000 Quadratmeter ein.

Die Reggia di Caserta und der prächtige Park, der dank eines gigantischen Aquädukts aus der Mitte des 18. Jahrhunderts mit viel Wasser für die Brunnen versorgt wird, gehören heute zum Weltkulturgut der UNESCO. Gerade im Frühling ist es hier herrlich, wenn alles im 120 Hektar großen Schlosspark erblüht. Er ist einer der größten Parks Europas, mit einem Brunnenbecken, das eine Länge von 470 Metern und eine Breite von 27 Metern hat.

Größer, schöner, bombastischer

Es war Carlo di Borbone, König Neapels und beider Sizilien und Repräsentant der italienischen Bourbonenlinie, der seinen französischen Verwandten beweisen wollte, dass er ein noch größeres Schloss als Versailles errichten lassen konnte. 1752 begann man mit dem Bau des Mega-Schlosses, 1774 wurde es eingeweiht – noch unvollendet, denn die Arbeiten daran endeten erst 1845. Ein neoklassizistisches Bauwerk mit einer kühlen Eleganz und wenig Verzierungsdekorationen an den Außenwänden.

Die Reggia di Caserta ist ein Werk der beiden unbestrittenen Meister der italienischen Neoklassik, Luigi und Sohn Carlo Vanvitelli. Die Vanvitellis sollten nicht nur ein Königsschloss entwerfen und bauen, sondern, so der ausdrückliche Befehl des Königs, das prächtigste Schloss überhaupt. Klotzen statt kleckern war angesagt.

Eine der größten Krippen der Welt

Obwohl viele der Innenräume in den vergangenen zwei Jahrhunderten umgebaut und verändert wurden, sind noch zahlreiche Originalmöbel erhalten geblieben und werden ausgestellt. Im ersten Stock können die königlichen Apartments besichtigt werden. Prunk auf Schritt und Tritt: Der Thronsaal misst 13,5 x 36 Meter – und ist damit größer als der tatsächliche politische Einfluss der süditalienischen Könige im damaligen Europa.

Eines der ganz besonderen Highlights der Reggia di Caserta ist die Presepe Reale, die königliche Krippe, die 40 Quadratmeter Fläche einnimmt. Mehr als 1200 reich gekleidete Figuren bevölkern die Stadtlandschaft dieser Krippe, die ein fast originalgetreues Abbild einer süditalienischen Ortschaft aus der Mitte des 18. Jahrhunderts ist.

INFO

MITTELALTER PUR

Ganz in der Nähe des Königsschlosses und in 400 Metern Höhe liegt Casertavecchia, das schon in der Antike besiedelt war und zwischen dem 9. und dem 15. Jh. sein heutiges Aussehen erhielt. Noch recht untouristisch, lockt es mit sehr viel Charme und einer Vielzahl hochinteressanter Altbauten wie etwa dem romanischen Dom mit mächtigem Glockenturm. Ihr mittelalterliches Gepräge zeigt die Kirche San Michele Arcangelo auch in ihrem Innern; interessant sind die sizilianischen Dekorationseinflüsse, was auf die einstige Herrschaft der Normannen über die Kleinstadt zurückzuführen ist. Sehenswert ist auch der Torre del Castello der Burg von Casertavecchia.

WEITERE INFORMATIONEN

https://reggiadicaserta.cultura.gov.it (auch in Englisch)

← Der Park von Caserta ist genauso faszinierend wie das Königsschloss.
↑ Neoklassizistische Prachtsäle, die Versailles Konkurrenz machen sollten.

3

DIE VIELSEITIGE – PALERMO

DURCH DIE FASZINIERENDE HAUPTSTADT SIZILIENS

Goethe war einst begeistert von Palermo. Doch heute würden viele Reisende die Stadt aus Angst vor den berüchtigten Mafia-Bossen lieber meiden – ein großer Fehler, denn vor allem im Frühling sind die Temperaturen hier mild und sehr angenehm für einen ausgedehnten Spaziergang durch die Altstadt.

Eine Stadt mit einer nicht nur langen, sondern auch sehr vielfältigen und unterwartet verlaufenden Geschichte. Immerhin war Palermo phönizisch, griechisch, römisch, dann rund zwei Jahrhunderte lang Hauptstadt eines arabischen Emirats. Es folgten Franzosen und Spanier. All diese Herrscher von auswärts hinterließen einen enormen Einfluss auf Architektur, Kultur und Alltagsleben.

Reizvoller Stilmix verschiedenster Kulturen

Auf Schritt und Tritt stößt der Flaneur in Palermo auf die Einflüsse all dieser Eroberer aus rund 2500 Jahren Stadtgeschichte. Alle Einflüsse verbanden sich zu einem Stil, und das nicht nur in der Architektur und der bildenden Kunst, sondern auch in der Gastronomie. Fantastisch schmecken etwa die süßen und verführerischen Cassate und die Cannoli. Und ein ganzes Stadtviertel im historischen Zentrum heißt noch heute Kalsa nach dem arabischen Al-Khalesa, was so viel wie die »Die Auserwählte« bedeutet. Viele der Straßenzüge im heutigen Palermo existierten so schon im 11. Jahrhundert, und die meisten Gebäude wurden auf arabischen Vorgängerbauten errichtet, die sich wiederum auf den Resten altrömischer Ruinen erheben.

Die Altstadt ist nicht groß, ein guter Teil kann zu Fuß erwandert werden. Die Kathedrale Maria Santissima Assunta ist eines der kuriosesten Kirchengebäude Italiens. 1184/1185 im normannisch-arabischen Stil errichtet, war sie einst Moschee, dann katholisches Gotteshaus – an ihren Fassaden und der Apsis sind arabische Architektureinflüsse unübersehbar. Im rechten Seitenschiff befindet sich u. a. das Grab des Stauferkaisers Friedrich II.

Nicht weit entfernt kann im Palazzo dei Normanni – von den Normannen im 11. Jahrhundert errichtet und unter Friedrich II. Treffpunkt von Intellektuellen aus Europa und dem arabischen Reich – etwas sehr Ungewöhnliches besichtigt werden: Die Cappella Palatina ist, zusammen mit dem Innenraum des Doms von Monreale, das einzige Bauwerk Italiens, dessen Wände über und über mit Mosaiken auf Goldgrund ausgeschmückt sind. Geschaffen wurde dieses Gesamtkunstwerk ebenfalls im 11. Jahrhundert.

Palermos Paläste

Viele aristokratische Paläste von großer Schönheit schmücken Palermo, so auch der Palazzo Abatellis aus dem späten 15. Jahrhundert. Er enthält die Galleria regionale della Sicilia, eine Gemäldegalerie mit Hauptwerken der Renaissance- und Barockmalerei. Viele Paläste sind immer noch im Privatbesitz, können aber besichtigt werden. Einer der prächtigsten und am besten in seiner gesamten Inneneinrichtung erhaltenen Adelspaläste ist der Palazzo Valguarnera-Gangi mit seinem berühmten Spiegelsaal – ein Triumph des Rokokos – hier wurde die berühmte Ballszene aus »Der Leopard« von Luchino Visconti verfilmt.

Opernfreunde sollten das Teatro Massimo aus dem Jahr 1897 besuchen, das mit seinen 7730 Quadratmatern Fläche das größte Opernhaus Italiens ist.

INFO

IM BAUCH VON PALERMO

Die Vucciria ist nicht einfach nur der wichtigste Markt in der Altstadt Palermos – dieser seit dem Mittelalter existierende Markt ist das gastronomische Herz der Stadt. Hier findet man alles, was auf Sizilien angebaut oder im Meer gefischt wird. Ein ungemein reichhaltiger, bunter, lebhafter und mit den lauthals ihre Waren anpreisenden Händlern lärmiger Ort, der schon viele Künstler inspirierte, vor allem den berühmten Renato Guttuso, dessen Vucciria-Gemälde zu seinen eindrucksvollsten Werken gehören. Auch ohne etwas kaufen zu wollen, sollte man diesem Markt unbedingt einen Besuch abstatten.

WEITERE INFORMATIONEN

www.palermoviva.it/touristischen-informationen-palermo

↖ Opernhaus Teatro Massimo in Palermo.
↑ Barock wie die ganze Stadt: der faszinierende Markt der Vucciria in Palermo.

Arabisch angehauchter Dom von Palermo mit den Gräbern von Stauferkaisern.

4

DIE TEMPEL VON AGRIGENT

STILLE GIGANTEN IN URSPRÜNGLICHER NATUR

Im sizilianischen Agrigent geht es in den Frühlingsmonaten noch relativ gemächlich zu, und Reisende können sich ganz dem Zauber der riesigen griechischen Tempel in wilder Natur mit uralten Olivenbäumen und herrlichen Blicken auf das tiefblaue Mittelmeer hingeben.

Der Italien-Reisende Johann Wolfgang von Goethe war am 24. April 1787 im südsizilianischen Agrigent, das der deutsche Schriftsteller mit seinem griechischen Namen Akragas benannte. Goethe war also im Frühling in Agrigent, wo es auf Sizilien schon angenehm warm ist. »Besichtigung der antiken Stadt Akragas (durch die Karthager zerstört), dort: Tempel der Concordia, Trümmer des Junotempels. Hauptkirche (Dom), dort: Sarkophag Hippolyt, mit seinen Jagdgesellen. Am Abend zu herrlichen Aussichtspunkten.«

Malerische Ruinen

Im Frühling ist vom sommerlichen Massentourismus, auf dessen Standardprogramm auch die Tempel von Agrigent stehen, noch nichts zu spüren. Gerade deshalb kommen in diesen Monaten nicht nur Archäologen zum Graben und Erforschen in den archäologischen Park von Agrigent, sondern auch Insider-Touristen – Reisende, die wie die Archäologen wissen, dass man in dieser Jahreszeit die Ruinenanlage am besten, weil am ruhigsten erforschen und besichtigen kann.

← Nur noch vier prächtige Säulen des Dioskurentempels stehen noch.

Im Süden der heutigen und bis auf die Kathedrale und das Kloster von S. Spirito nicht besonders reizvollen Stadt befindet sich das Valle dei Templi, das Tal der Tempel, der archäologische Park. Hier errichteten im 6. Jahrhundert vor Christus die Griechen die Tempel ihrer Stadt Akragas, einer reichen Handelsstadt, die im 3. vorchristlichen Jahrhundert Teil des expandierenden Römischen Reichs wurde.

Noch im Mittelalter wichtiger Geschäftsort für die Beziehungen zwischen Sizilien und der nordafrikanischen Küste, fielen ihre Tempelanlagen in den darauffolgenden Jahrhunderten dem Vergessen anheim. Als Goethe hierher reiste, erhoben sich die Bauwerke als malerische Ruinen aus dem sie umgebenden wilden Grün.

In den vergangenen Jahrzehnten wurden mithilfe der leider weitverbreiteten Korruption zahllose hässliche Neubauten bis direkt an den archäologischen Park gebaut. Leider sind sie nur schwer zu übersehen, doch das tut der Schönheit der Tempelanlage keinen Abbruch.

Beeindruckende Giganten

Der Concordiatempel stammt aus dem frühen 5. vorchristlichen Jahrhundert. Zusammen mit dem Theséion in Athen ist er

der am besten erhaltene griechische Tempel überhaupt. Und ein Gigant: rund 20 x 43 Meter groß, mit einer Fläche von knapp 850 Quadratmetern und einer Höhe von fast 14 Metern. Der Tempelbau besteht aus 20 Stufen und sechs vorderen sowie 13 seitlichen Säulen, von denen jede knapp sieben Meter hoch ist.

Der sogenannte Dioskurentempel aus der Mitte des 5. Jahrhunderts v. Chr. wurde von einem Erdbeben zerstört. Archäologen rekonstruierten im 19. Jahrhundert die eindrucksvolle Nordwestecke des Tempels aus dem vor Ort gefundenen Originalmaterial.

Komplett in sich zusammengestürzt, aber sehr malerisch präsentiert sich ganz in der Nähe das Olympieion: das riesige Trümmerfeld eines Tempels, der den Sieg der geistvollen Griechen über die Barbaren (gemeint waren die Karthager aus Nordafrika) feiern sollte. Mit 52 x 110 Metern handelte es sich um den größten dorischen Tempel Agrigents. Zu diesem gehörten als dekorative Besonderheit riesige Skulpturen von rund acht Metern Größe, gigantische Sagenfiguren der griechischen Mythologie. Wie diese sogenannten Telamone einst aussahen, kann man anhand einer dieser Skulpturen erahnen, die, flach auf dem Boden liegend, wieder zusammengesetzt wurden.

Ekklesiasterion und Akropolis

Der Heraklestempel ist einer der ältesten Tempelbauten von Agrigent. Er erhob sich auf einem dreistufigen Unterbau. Seine Reste sind heute weit über das Gelände hinweg verteilt. Nur noch acht Säulen ragen in den azurblauen Himmel Siziliens – Anfang des 20. Jahrhunderts wurden sie wieder aufgerichtet, um dem Besucher einen Eindruck von der originalen Größe dieses Tempels zu vermitteln.

Im Südosten des Hochplateaus, auf dem sich alle Sakralbauten erheben, stehen die Reste des Heratempels aus dem 5. Jahrhundert v. Chr., ein dorisches Bauwerk mit 6 x 13 Säulen. Schon zu Goethes Zeiten wurde er rekonstruiert. Heute stehen noch 23 der einst 34 Säulen.

Zum archäologischen Park, für dessen Besichtigung man sich einen Tag Zeit nehmen sollte, gehören auch die antiken Stadtmauern und eine frühchristliche Nekropole, die frühgotische Kirche San Nicola und das Ekklesiasterion aus hellenistischer Zeit. Hier versammelte sich einst das Volk, Platz gab es auf 20 Sitzreihen für rund 3000 Bürger. Auch eine Akropolis mit Zeustempel sowie das Museo Archeologico Regionale mit Kunstschätzen aus der Antike und dem frühen Christentum sind eine Besichtigung wert.

↖ Am besten erhalten ist der mächtige Concordiatempel.
↗ Der Heratempel hatte gewaltige Ausmaße – noch die Ruine beeindruckt.
→ Kreidefelsen an der wilden Küste südlich von Agrigent.

INFO

DIE WEISSEN STRÄNDE VON AGRIGENT

Nach so viel Antike geht's ans Meer! Über rund 150 km Länge kann man hier traumhafte Strände entdecken – unbebaute und nur wenig besuchte Küstenabschnitte, wie etwa die Scala dei Turchi bei Realmonte: eine Abfolge von Dünen und windgeschützten Buchten, weißen Stränden und Naturoasen. Einer der schönsten Strände ist unbestritten Eraclea Minoa zwischen dem Fluss Platani und der ins Meer ragenden Felsspitze des Capo Bianco. Zudem locken die Spiaggia di Giallonardo, die Bova Marina, Capo Rossello oder die Cala Vicenzina und viele mehr – Küstenabschnitte und Strände, die keine komfortablen Badeanstalten bieten, dafür aber naturbelassene Orte sind, an denen man sich gut vorstellen kann, was die alten Griechen zu sehen bekamen, als sie hier zum ersten Mal Sizilien betraten.

WEITERE INFORMATIONEN

Agrigento / Valle dei Templi:
www.lavalledeitempli.it

5

PRÄCHTIGE RIVIERA DELLA BRENTA

MIT DEM BURCHIELLO ÜBER DEN KANAL NACH VENEDIG

Schon Johann Wolfgang von Goethe fuhr den langen Brentakanal entlang bis zu seinem Reiseziel Venedig, vorbei an prächtigen barocken Villen und Gärten, die schon damals bequem vom Schiff aus zu erreichen waren. Noch heute ist diese Bootsfahrt ein echtes Schau-Erlebnis.

Goethe schrieb 1786: »Die Fahrt auf dem Brenta mit dem öffentlichen Schiff, in gesitteter Gesellschaft (da die Italiener sich voreinander in Acht nehmen) ist anständig und angenehm.« Nachdem er Padua besucht hatte, bestieg der prominente Italien-Besucher auf seinem Weg nach Venedig ein Burchiello, wie man auch heute noch die Schiffe nennt, die über den Brentakanal fahren. Zu Goethes Zeiten waren das von Hand gelenkte und von Pferden am Ufer gezogene Passagierboote, die eine Überdachung oder eine Kabine für schlechtes Wetter boten. Heute sind diese Boote stromlinienförmig modern, mit Aussichtsterrassen und allem Komfort.

Sommerfrische einst und heute

Nicht nur Goethe war von der Tour auf dem Brentakanal begeistert, auch Venedigs berühmtester Komödienschreiber Goldoni und der Frauenheld Casanova benutzten Burchielli. Der Kanal des Brenta verband Padua mit Venedig. An seinen Ufern ließ sich Venedigs reicher Adel Landhäuser errichten. Rund 70 solcher Villen existieren noch heute sowie auch einige sehr besuchenswerte Schlossanlagen mit prächtigen Parks.

Vom späten 16. Jahrhundert an war in diesen Villen die Sommerfrische große Mode. Mit Kind und Kegel und Personal verlegten die reichen Venezianer für die heißen Monate ihren Haushalt aus der Lagunenstadt in diese Villen. Im Jahr 1797 fand diese sehr beliebte Sommerfrische, zu der Carlo Goldoni verschiedene Komödien schrieb, ein jähes Ende: Napoleon beendete die lange Geschichte der unabhängigen Seerepublik Venedig. Nicht wenige Villen am Brenta verrotteten und wurden erst im 20. Jahrhundert aufwendig restauriert.

Zwischen Padua und Venedig

Eine Fahrt auf dem Brentakanal war und ist immer noch ein angenehm entspannendes Erlebnis. Langsam gleiten die Fahrgäste auf dem Kanal an wunderschöner Natur und an alten Bauten und Residenzen vorbei, und die Fahrt ist durchaus abwechslungsreich, auch wenn die Passagiere heute nicht mehr elegante Damen und galante Kavaliere, Komödianten, Künstler und adlige Reisende aus ganz Europa sind.

Nach Napoleon wurde der Betrieb der Burchielli zunächst eingestellt. Erst rund 150 Jahre später begann man 1960 mit modernen Booten diese Tour wieder einzurichten. Heute fährt das moderne Motorboot nicht nur an Villen, sondern auch an neun Drehbrücken und fünf Schleusen vorbei.

Damit werden Höhenunterschiede zwischen Padua und Venedig (insgesamt rund zehn Meter) bewältigt. Die Fahrt endet im Hafenbecken beim Markusplatz in Venedig. Ein absolut (ent)spannendes Erlebnis!

INFO

WO EINST NAPOLEON RESIDIERTE

In einem Knie des Brentakanals erhebt sich bei der Ortschaft Stra die Villa Pisani. Heute ist das Gebäude mit seinen 168 Räumen auf ca. 15 000 m² Wohnfläche ein Museum, mit durch Wandmalereien und kostbaren Stuckaturen verzierten Sälen wie dem des Triumphes der Künste, der Feste, der Musik usw. Alle Räumlichkeiten wurden in den vergangenen Jahren restauriert. Auch die Gemächer, in denen der Eroberer Napoleon einst residierte, erstrahlen wieder im Stil des Empire. 30 Zimmer der Villa wurden für den Besuch des italienischen Königs Vittorio Emanuele II. im neobarocken Design des späten 19. Jh. umgebaut. Auch sie können heute wieder besichtigt werden. Zudem lockt ein herrlicher Park inklusive einem perfekt zugeschnittenen Heckenlabyrinth.

WEITERE INFORMATIONEN

www.ilburchiello.it
www.villapisani.beniculturali.it

← Villa Pisani ist eher ein Schloss als einfach nur eine Landvilla.
↑ Gemächliche Bootsfahrt auf der Brenta vorbei an Adelsvillen.

6

KARFREITAG IN SÜDITALIEN

DIE GEHEIMNISVOLLEN MISTERI DES MEZZOGIORNO

Der Karfreitag gehört zu den am eindrucksvollsten gestalteten Kirchenfesten Italiens. Vor allem die Karfreitagsprozessionen in Süditalien ziehen viele Besucher an, und auch viele Auslandsitaliener reisen an diesem Datum extra in die Heimat, um an den Festivitäten teilzunehmen.

Die Riten der Karwoche, vor allem im Mezzogiorno, dem Süden, gehören zu den eindrucksvollsten Volksfesten des Jahres. Allein in Palermo finden am Karfreitag 14 Prozessionen statt. Organisiert werden diese wie auch die meisten anderen süditalienischen Karfreitagsprozessionen von ehemaligen Gilden, wie etwa den Bäckern und den Tischlern. Und alle verlaufen nach einem Schema, das seit Jahrhunderten immer wieder auf die gleiche Weise wiederholt wird: Starke Männer in religiösen historischen oder weißen bzw. schwarzen Kapuzengewändern tragen eine bis zu zwei Meter hohe Madonna aus Terrakotta oder Holz, reich gekleidet und mit weinenden Augen. Es folgen Geistliche und Gläubige mit langen weißen Kerzen in den Händen. Immer ist bei diesen langsam voranschreitenden Prozessionen eine Blaskapelle mit dabei, die Trauermärsche spielt.

Prozessionen in der Stille

Das sizilianische Trapani ist für seine Misteri berühmt, die Mysterien-Prozession. Der Name Misteri (heute Mysterien) stammt vom italienischen Wort für die Berufsgilden »mestieri« ab, die die einzelnen Prozessionen auch heute noch organisieren und finanzieren. Seit über 400 Jahren prozessieren am Karfreitag von nachmittags bis zum nächsten Morgen, dem Ostersamstag, rund 20 Gruppierungen durch die Altstadt. Sie ziehen dabei 18 Skulpturengruppen aus Holz mit sich, die die Leidensgeschichte mit verschiedenen neutestamentarischen Personen zeigen.

Im sizilianischen Enna tragen die österlichen Kapuzenmänner über ihren traditionell weißen und bodenlangen Gewändern ebenfalls weiße Schulterumhänge. Ihre Köpfe sind mit weißen Kapuzen bedeckt, die nur für die Augen Löcher freilassen. An den Prozessionen nehmen in Enna rund 3000 solcher Kapuzenmänner teil. Den Skulpturen von Christus und Maria folgend, ziehen sie so in absoluter Stille durch die Straßen der Stadt.

Kurios und wohl einmalig

In den meisten Ortschaften Siziliens finden recht unterschiedliche Karfreitagsprozessionen statt. Eine der kuriosesten gibt es z. B. in San Fratello bei Messina: Hier prozessieren am Karfreitag Männer durch die Straßen und blasen dabei auf Trompeten, wie sie in Militärkapellen genutzt werden. Man nennt diese Männer »giudei« (Juden) – woher dieser Name im Zusammenhang mit der Prozession stammt, ist unbekannt. Sie tragen dabei eine sogenannte »d'scplina«, eine Art Peitsche aus Metall, die an die Peitschen der römischen Legionäre erinnert, die damit einst Jesus Christus gefoltert haben sollen.

INFO

KÖSTLICHES MEERSALZ

Seit Urzeiten wird bei Trapani in riesigen Salinen Salz aus dem Meerwasser gewonnen. Dieses Prozedere hat sich im Wesentlichen in den vergangenen 2000 Jahren nicht verändert. Die Salinen sind heute Teil eines malerischen Naturschutzparks, und das ungemein schmackhafte Salz von Trapani gilt als eines der Besten Italiens und wurde deshalb auch von der auch im Ausland bekannten Feinschmeckerorganisation Slow Food ausgezeichnet. Kein Wunder also, dass dieses Salz in fast allen Lokalen und Restaurants Siziliens verwendet wird. Für den eigenen Gebrauch gilt: Nur wenig von diesem Salz benutzen, denn es ist sehr geschmacksintensiv!

WEITERE INFORMATIONEN

www.turismo.trapani.it

↖ Madonnenprozession im sizilianischen Palermo.
↑ Kapuzenmänner und weiß gekleidete Kinder während der Karwoche.

7

BEIM HEILIGEN GENNARO IN NEAPEL

BLUTWUNDER UND JUWELEN

Dreimal im Jahr hoffen die Neapolitaner darauf, dass sich das getrocknete Blut ihres Stadtheiligen Gennaro bei einer feierlichen Zeremonie wieder verflüssigt – ein religiöses Fest der besonderen Art. Aber Gennaro ist nicht nur wegen seines Blutwunders berühmt, sondern auch wegen seines Schatzes.

San Gennaro, zu Deutsch Januarius, starb im Jahr 305 in Pozzuoli als Märtyrer und Bischof von Neapel. Sein genaues Geburtsdatum ist hingegen unbekannt, ebenso fehlen genaue Informationen über sein Leben und Wirken. Einzig gesichert ist wohl seine Enthauptung unter Kaiser Diokletian. Kein Wunder also, dass sich um seine Person zahllose Legenden ranken.

Bekannt ist San Gennaro weit über Neapel und Italien hinaus wegen des sogenannten Blutwunders: So soll sich am 1. Mai, am Festtag des Heiligen am 19. September sowie am 16. Dezember, dem Gedächtnistag der Warnung vor dem Vesuvausbruch 1631, das in Ampullen aufbewahrte getrocknete Blut des Heiligen verflüssigen – für Gläubige ein Wunder, das zwar bis heute nicht offiziell von der katholischen Kirche anerkannt, jedoch als tief verwurzelter Volksglauben der Neapolitaner toleriert wird. Doch was passiert, sollte sich das getrocknete Blut einmal nicht verflüssigen? Dann, so der Volksglaube, drohe den Neapolitanern und ihrer Stadt großes Übel!

Ein Wunder für Tausende Gläubige

Die Tage der Blutverflüssigung, zelebriert von Neapels Erzbischof, sind Feiertage für Gläubige, die zu Tausenden zur und in die Kathedrale strömen: Der Erzbischof wiegt während der Feier eine der Ampullen hin und her, und dann geschieht das vermeintliche Wunder unter dem Jubel aller Anwesenden.

Immer wenn der Erzbischof die Ampulle mit dem verflüssigten Blut alsdann in die Höhe hält, winkt ein schwarz gekleideter Mann (mit roter Schärpe) mit einem weißen Tuch ganz außer sich vor Freude. Dieser Mann, immer ein Adliger, ist Vizepräsident der sogenannten Deputazione della Real Cappella del Tesoro di San Gennaro, einer 1601 gegründeten Bruderschaft, die sich um die Reliquien des Heiligen und um deren Schatz zu kümmern hat. Seit Jahrhunderten gilt es als begehrte Auszeichnung unter Neapels Adligen, dieser Deputazione anzugehören.

Neapels wichtigster Kirchenschatz

Die Mitgliedschaft in der Bruderschaft umfasst konkrete Aufgaben – vor allem den Schutz des Schatzes von San Gennaro, dessen Wert auf mindestens 100 Millionen Euro geschätzt wird. Viele der wertvollen Geschenke aus Gold und Edelsteinen für den Heiligen sind Gaben königlicher Häupter aus ganz Europa. Die Medici in Florenz, die Sforza in

Mailand, die Bourbonen in Neapel, aber auch Katherina die Große aus Russland, französische Könige und sogar die Päpste in Rom: Sie alle brachten mit kostbaren Geschenken – darunter Halsketten für die Büste des Heiligen, sakrale juwelengeschmückte Gefäße und aufwendig gestaltete Monstranzen – ihre Verehrung für San Gennaro zum Ausdruck. Heute sind diese Kostbarkeiten in einem mit modernsten Sicherheitsanlagen ausgestatteten Museum untergebracht.

INFO

ANTIKE PORNOGRAFIE

Man sollte das Archäologische Nationalmuseum Neapels MANN auch wegen einer ganz besonderen und in Italien einzigartigen Ausstellungssektion besuchen, in der die erotische Welt der Antike thematisiert wird. Vor allem Fresken aus Pompeji zeigen recht eindeutige erotische Darstellungen antiker Prostituierter, mit denen diese in Bordellen auf ihre speziellen Künste hinwiesen. Kurios sind u. a. auch Öllampen in Form männlicher Genitalien sowie die Darstellungen sehr langer Penisse – sie gehörten zu Freskenbildern an Hauseingängen in Pompeji und sollten böse Geister fernhalten.

WEITERE INFORMATIONEN

Museo del Tesoro di San Gennaro: www.tesorosangennaro.it
Museo Archeologico Nazionale di Napoli (MANN): https://mann-napoli.it

← Die barocke Pracht gehört zu Neapels Kirchen einfach dazu.
↑ Erotisches Wandbild aus einem Bordell in Pompeji.

8

IN DEN LUKANISCHEN DOLOMITEN

DIE BERGWELT DER SÜDITALIENISCHEN BASILIKATA

Die Basilikata kennen die meisten Italienbesucher nur wegen der Höhlenstadt Matera. Wenn überhaupt. Aber diese immer noch wenig von Nichtitalienern besuchte Region ganz tief im Süden hat vieles zu bieten.

Sie sind felsig und auch bewaldet. Die Bergspitzen formen skulpturenähnliche Gebilde, die, wenn sie aus dem Nebel auftauchen oder bei Sonnenuntergang betrachtet werden, wie riesige Monster wirken. In früheren Jahrhunderten sahen die Menschen der süditalienischen Region Basilikata in diesen Felsformationen Geister, weshalb sie die Gegenden mieden.

Die Lukanischen Dolomiten gehören zum Naturschutzpark Piccole Dolimiti Lucane. Dolomiten werden sie wegen ihrer geologischen Morphologie genannt, die an die Bergmassive in Nordostitalien erinnern. Ihre fantastischen Formen bis zu einer Höhe von gut 1100 Metern haben sie atmosphärischen Einflüssen zu verdanken. Die höchsten Gipfel dieser süditalienischen Dolomiten sind der Monte dell' Impiso mit 1319 Metern und der Monte Caperrino mit 1455 Metern.

Malerisch und geisterhaft schön

Im italienischen Süden kann es im Frühling sehr warm werden, doch in den Lukanischen Dolomiten bleibt es angenehm frisch, und ganz oben in den Bergen liegt auch dann noch Schnee. Die Orte in dieser Gegend wirken wie aus neorealistischen Filmen der 1950er- und 1960er-Jahre: Eng aneinandergeschmiegt, verteilen sich die Häuser der teils uralten Ortschaften an Hängen und Bergen bis weit hinauf. Moderne Infrastrukturen wie fließendes Wasser oder elektrischen Strom gibt es hier erst seit wenigen Jahrzehnten.

Die Gegend war immer sehr arm und sehr religiös, was auch die Vielzahl an Kirchen und Heiligtümern erklärt. Wie etwa in Albano di Lucania: Hier locken seit Jahrhunderten als heilig verehrte künstliche Grotten, wie etwa die Grotta dell'Annunziata aus dem 7. Jahrhundert. Oder der Stuhl des Teufels, eine Felsformation, die von Menschenhand geschaffen wurde, und die, je nach Blickwinkel, wie die Personifikation eines Dämons wirkt.

Castelmezzano liegt ungemein malerisch zwischen Felsspitzen und von Wäldern umgeben in 750 Metern Höhe. Rund 720 Menschen leben in dieser romantischen Ortschaft, die, wie die meisten anderen Orte der Umgebung, im 19. Jahrhundert vom Phänomen des »brigantaggio« betroffen war – Briganten waren Kriminelle, die wie Robin Hoods auftraten und die lokalen politischen Autoritäten infrage stellten.

Einsames Wandern in absoluter Stille

Die Lukanischen Alpen bieten Wanderern fantastische Möglichkeiten mit zahlreichen Wegen durch Wälder und vorbei an Felsen mit herrlichen Aussichtspunkten – vom einfachen Sentiero delle sette Pietre bis hin zu anspruchsvollen Höhenwegen.

Und ganz egal, für welchen Wanderweg man sich entscheidet: Die Natur der Lukanischen Dolomiten ist immer unberührt, und nicht selten stößt man auf riesige, einsam in der Berglandschaft stehende Bäume, sogenannte »alberi monumentali«, die schon so einige Jahrhunderte alt sind.

INFO

DEFTIGE LOKALE SPEZIALITÄTEN

Die Küche der Lukanischen Alpen ist eine süditalienische Bergküche par excellence – hier gibt es Gerichte, die man sonst nirgendwo probieren kann. Das Restaurant Piccolo Ristoro Le Rocce in Pietrapertosa ist eines von vielen, in denen man garantiert lokale Leckereien verkosten kann. Unter den Vorspeisen besticht die »Rafanata«, ein Teiggericht mit kräftig schmeckendem Rettich. Eine echte Rarität ist die »Pancia ripiena«, eine warm servierte deftige Wurst mit lukanischem Fleisch, Eiern und Käse. Fantastisch schmecken auch die Maccheroni mit frittierten Brotkrümeln und Nüssen. Nicht für jeden etwas, aber sehr lecker ist die »Pastorale«, eine Suppe mit Schafsfleisch und Gemüse.

WEITERE INFORMATIONEN

www.basilicataturistica.it (in Deutsch)
Piccolo Ristoro Le Rocce: Via Giuseppe Garibaldi 107, Pietrapertosa, Tel. +39/(0)971/98 32 60

↖ Romantisches Dorf in der zerklüfteten Bergwelt der Basilikata.
↑ Bei Wanderungen sind schnell auftauchende Wolken keine Seltenheit.

9

FAUCHENDER GIGANT – AUF DEN ÄTNA

DAMPFWOLKEN, SCHLÜNDE UND FEINSTER VULKANSTAUB

Zwei Tage sollte man für diese Tour einplanen, die im Frühjahr zu empfehlen ist, wenn die milden Temperaturen am besten fürs Bergwandern geeignet sind. Denn im Sommer und Herbst kann es sehr heiß werden, und im Winter fällt auf dem Ätna auch Schnee, begleitet von starken Winden.

Man sieht ihn schon von Weitem: ein Berggigant, einmalig im an Bergen reichen Italien. An manchen Tagen qualmt er ruhig vor sich hin und wirkt friedlich, im Gegensatz zu Italiens zweitem aktivem Vulkan, dem Vesuv bei Neapel, der im Jahr 79 antike Städte wie das bekannte Pompeji zerstörte und unter einer dicken Lavaschicht begrub. Vulkanologen halten den Ätna für eher ungefährlich. Explodieren und zu einer lebensbedrohenden Gefahr wird er nicht, so die Experten. Gegebenenfalls fließt die Lava ruhig ins Tal ab.

Wer halbwegs gut in Form ist, sollte im Frühjahr unbedingt einmal auf den Ätna steigen, denn dies ist eines der eindrucksvollsten Naturerlebnisse, die Sizilien zu bieten hat.

Immer noch aktiv

Es ist kein Fauchen, sondern eher ein dumpfes, unheilvoll klingendes Grollen, das aus den schwarz-grau-rötlichen Tiefen des Hauptkraters erklingt und die Besucher am Berg empfängt. Aus für den Beobachter unsichtbaren Löchern steigen gelbliche Rauchwolken auf; erst beim genaueren Hinsehen, am besten mit einem mitgebrachten Fernglas, kann man die Löcher erkennen. Oben auf rund 3350 Metern Höhe angekommen, bietet der Gipfelkrater des Ätna faszinierende Ein- und Ausblicke auf die zerklüftete Umgebung. Besucher können tief in diesen geologisch zerrissenen und Furcht einflößenden Hauptkrater hineinschauen – doch Vorsicht: Es besteht Rutschgefahr, und das Terrain ist aufgrund ständiger Gesteinseinbrüche voller Risiken – deshalb ist der private Aufstieg zum Hauptkrater des Ätna verboten. Offiziell jedenfalls. Ein begleitender Bergführer ist Vorschrift.

Trekkingtour zum Gipfelkrater

Bequem mit einem Pkw, vorzugsweise mit einer geführten Jeep-Tour inklusive Bergführer, erreichen Reisende den Parkplatz des Rifugio Sapienza Etna-Sud auf 1910 Metern Höhe, von wo die Tour zum Gipfel hinauf startet. Schon von hier ist der Blick hinab in die Täler und hinaus zur Küste und aufs Meer umwerfend.

Jetzt heißt es gutes Schuhwerk, eine Sonnenbrille, Wanderstöcke und einen Helm gegen die nicht selten herumfliegenden kleinen Lava- und Aschenbrocken bei sich zu haben. Die Trekkingtour geht in die Knochen, in die Waden und Oberschenkel. Während man den Gipfelkegel langsam erklimmt, erzählt der Bergführer über die Entstehung des Ätna und über die immer neu auftauchenden Krater, aus denen oft heiße Lava ins Tal fließt. Das Panorama ändert sich beim Anstieg ständig, oft blickt man auf den Gipfelkrater, aus dem mal mehr, mal weniger Dampf aufsteigt. Das Atmen fällt, je höher man kommt, schwerer, was natürlich an dem niedrigeren Sauerstoffgehalt hier oben liegt.

Gaswolken und Krater-Grollen

Der relativ bequem ausgetretene Wanderweg führt über ein dunkelbraun-schwarz abgekühltes Lavafeld, auf dem kein einziger Grashalm wächst. Relativ schnell erreicht der Ätna-Wanderer die höchste Stelle des Wanderwegs an den Rändern des Hauptkraters, einem riesigen Loch, das wie ein gigantisches Maul aussieht. Daraus steigen permanent Gaswolken auf – was gut ist, denn wären diese nicht zu sehen, bestünde die Gefahr eines Ausbruchs, und dann wären Wandertouren natürlich strengstens untersagt.

Der Weg führt weiter über nackte unbewachsene Bergkuppen. Die Wandergruppe wird immer wieder in die ungefährlichen Gaswolken gehüllt, und die Atmosphäre erinnert an dichten Nebel. Daran gewöhnt man sich.

Erschreckend wirkt aber das mal stärkere, mal schwächere Grollen aus dem Kraterloch. Neben dem dampfenden Hauptkrater steigen auch Gaswolken aus kleinen Löchern am Rand des Wanderwegs auf.

← Bis weit in den Frühling hinein liegt auf dem Ätna Schnee.
↗ Wandern direkt bei rauchenden Fumarolen in der Gipfelregion.

Pause mit Kaktuslikör

Dann hat man es geschafft und es gibt eine wohlverdiente Pause am Gipfel – mit mitgebrachten Butterbroten und einer vom Bergführer servierten Spezialität: Likör aus den an den unteren Hängen des Ätna wachsenden Kaktusfeigen. Dazu genießt man hier schon den atemberaubenden Ausblick über die Vulkanlandschaft hinunter zum Meer.

Gestärkt macht sich die Gruppe auf den Rückweg, der nun eindeutig bequemer zu gehen ist. Der Bergführer begleitet die Gruppe über sanft abfallende Hänge, die mit grauschwarzem feinstem Vulkanstaub bedeckt sind, hinunter zur Seilbahn, die die Ätna-Wanderer bequem zurück zur Talstation bringt, wo die Autos geparkt sind. Der Blick bei der Abfahrt ins Tal und in die nähere Umgebung, auf das Meer und hinüber zu weiteren Bergen ist fantastisch.

Eine anstrengende Vulkantour – aber eine, die sich lohnt. Und als Belohnung gibt es dann noch eine herzhaft schmeckende Pizza in der Berghütte, dazu kräftiger sizilianischer Rotwein aus Trauben, die im Tal angebaut werden und die von den fruchtbaren vulkanischen Böden am Fuß des Ätnas wunderbar profitieren. Fazit: Kaum woanders liegen Schrecken und Segen wohl so nahe beieinander wie an den Hängen eines Vulkans, der immer wieder ausbrechen kann.

↖ Von überall ist der Ätna mit seinen 3357 m Höhe gut zu sehen.
← Und immer wieder fantastische Blicke auf den Ätna.
→ Höhenwanderung vorbei an nicht aktiven Kratern.

INFO

VULKANISCHES WEINPARADIES

Seit der Antike werden am riesigen Kegel des Ätnas Trauben angebaut. Das Anbaugebiet liegt auf einer Höhe zwischen 400 und 1200 m und verfügt, dank der reichen Mineralzusammensetzung, über perfekte Böden für Weinreben. Denn vulkanischer Gesteinsboden (Lava vermischt mit Sand und Asche) hat einen sehr hohen Nährstoffgehalt mit viel Magnesium und Eisen und ist somit ideal für die Landwirtschaft. Vor allem die alten Griechen importierten Rebensorten, die noch heute am Ätna angebaut werden, z. B. Grecanico. Gekeltert werden Weiß-, Rosé- und Rotweine, die geschmacklich sehr intensiv sind. Weniger bekannt ist, dass am Vulkan auch die Reben für einen frischen Spumante (Sekt) angebaut werden. Der Alkoholgehalt all dieser Rebensäfte liegt bei mindestens 10,5 %. Während die Weißweine frisch und trocken munden, präsentieren sich die Roten harmonisch, kräftig und ideal für die teils deftigen Fleischspeisen der traditionellen sizilianischen Küche, die als eine der besten und vielseitigsten ganz Italiens gilt.

WEITERE INFORMATIONEN

Wandertouren zum Ätna:
www.euthymos.it (auch auf Deutsch)

10

MYSTISCHE HOHLWEGE – DIE VIE CAVE

BEI DEN ETRUSKERN IM GRÜNEN

Mitten in herrlicher Natur zwischen der Toskana und dem Latium befinden sich Ruinen der Etrusker, Tempel und Nekropolen sowie antike in den Felsen gehauene Straßen. Natur und Kultur gehen hier eine faszinierende und leicht zu erkundende Symbiose ein.

Schnurgerade oder kurvig und geschlängelt: Die Vie Cave führen direkt durch die Felsen, die bis zu 20 Meter neben dem Straßenrand aufragen, und sind die unbestritten kuriosesten Straßen Italiens. Die Hohlwege wurden vor langer Zeit in den Felsen gehauen. Wer sie begeht, hat den Eindruck, dass die Straßen immer schmaler und dunkler werden, denn das Sonnenlicht fällt hier nur noch von oben in diese Hohlwege. Jahrtausendealte Wege, die heute wie von der Natur geschaffene Canyons wirken. Die einst intensiv frequentierten Straßen führen mitten durch die waldreiche Natur und sind nur über Fuß- und Wanderwege zu erreichen.

Antikes Kommunikationsnetz

Die aus dem Felsen geschlagenen Straßenabschnitte gehören zu einem ausgedehnten Kommunikationsnetz, das zur Zeit der Etrusker Städte und Nekropolen in ganz Mittelitalien miteinander verband. Sie liegen vor allem bei Sovana, Sorano und Pitigliano, also im einstigen Kernland der Etrusker.

Man stelle sich vor: Eine Etruskerstraße begann in Pitigliano. Da die antiken Baumeister in den Niederungen zwischen den von ihnen auf Hügeln und Bergen errichteten Städten immer wieder auf hohe Tuffsteinfelsen trafen, entschieden sie sich, statt verschlängelte Ausweichwege zu suchen, einfach den weichen Tuffstein zu bearbeiten. Spuren ihrer Handarbeit am Felsen können noch heute besichtigt werden.

Die Vie Cave bei der kleinen Ortschaft Sovana gehören zu einem archäologischen Park. Über dieses Straßennetz erreicht man noch heute durch Wälder und über Lichtungen und auf ungemein romantische Weise Sorano und Pitigliano. Die wichtigsten dieser Straßen sind die Via Cava di San Sebastiano und die Via Cava di Poggio Prisca.

Schaurig-schönes Naturerlebnis

Bei Sorano beginnen einige Vie Cave direkt am Ortsausgang bei der Porta dei Merli und führen anfangs ins Tal hinab zum Flüsschen Lente. Die Via Cava di San Rocco leitet einen dem Ort gegenüberliegenden Hügel hinauf, vorbei an den Ruinen der Kirche San Rocco aus romanischer Zeit. Hinter der Kirchenruine findet der Wanderer eine ausgedehnte Totenstadt der Etrusker mit Gräbern, die alle aus dem Tuff geschlagen wurden. Einige davon sind ziemlich groß und beeindruckend. Auch hier: Sämtliche Gräber liegen mitten in der Natur, von Rummel und Autolärm keine Spur.

Es ist ein schaurig-schönes Naturerlebnis, diese Vie Cave abzuwandern, diese für uns heute fremdartig wirkenden Wege zu benutzen, in die Felsenwelt einzutauchen und einige Zeit später bei einer Nekropole oder einem malerischen Dorf wieder herauszukommen.

INFO

AUF DEN SPUREN DER ETRUSKER

Die gesamte Tour über die Vie Cave umfasst einen Wanderweg von rund 10 km Länge, der ca. 3 Std. Wanderzeit in Anspruch nimmt. Will man auch die Totenstädte der Etrusker besichtigen, sollte man mindestens einen ganzen Tag einplanen. Oder aber man erkundet nur einzelne Hohlwege, wie etwa die 300 m lange Via Cava dell'Annunziata oder die Via Cava di Sa Giuseppe (rund 1 km).
Das Gebiet der Vie Cave umfasst das nordwestliche Latium und die südwestliche Toskana. Einige dieser Hohlwege befinden sich auch bei der malerischen Etruskerstadt Sutri. Hier entdeckt man, direkt beim Dorf und mitten in der Natur, Totenstädte und ein Amphitheater.

WEITERE INFORMATIONEN

www.comune.pitigliano.gr.it
www.sutriturismo.it

↖ Pitigliano wurde von Etruskern auf einem riesigen Tuffsteinfelsen errichtet.
↑ Direkt durch den Tuffstein schlugen die Etrusker ihre Straßen.

11

PAESTUM UND DIE GÖTTERKÜSTE

DORISCHE TEMPEL UND FEINE SANDSTRÄNDE

Um einige der schönsten Tempel des antiken Griechenlands zu sehen, reicht ein Frühlingsausflug von Salerno nach Paestum. Hier erheben sich gleich zwei riesige Tempel auf einer Wiese, nicht weit vom wunderschönen Meer entfernt.

Die alten Griechen waren ein reise- und eroberungslustiges Volk. Kein Wunder also, dass sie sich ab dem 8. vorchristlichen Jahrhundert auch in Süditalien niederließen, in der heutigen Region Kampanien. Hier gründeten sie verschiedene Handelsstädte. Aus gutem Grund, denn die Cilento genannte Gegend ist landwirtschaftlich fruchtbar.

Neptun, Hera und Athena

Das heutige Paestum nannten die alten Griechen Poseidonia. Im 5. Jahrhundert v. Chr. war dieser Ort eine ansehnliche Kleinstadt. Und so ist es kein Wunder, dass die Griechen in Poseidonia auch Tempel errichteten, die ihren enormen Wohlstand zeigen sollten. Noch heute beeindrucken diese Tempel in ihrer Größe, Eleganz und Schönheit.

Der Neptuntempel gilt als einer der am besten erhaltenen seiner Art aus der gesamten griechischen Zeit. Errichtet wurde er um das Jahr 460 v. Chr. Im dorischen Stil gestaltet, präsentiert er sich mit sechs Vorder- und 14 Seitensäulen – ein wirklich mächtiger Tempel, der größte der antiken Stadt. Der Heratempel wurde wahrscheinlich zwischen 550 und 450 v. Chr. gebaut; 38 Säulen trugen einst sein Dach. Der kleinere Tempel ist der Göttin Athena geweiht; er stammt aus derselben Zeit wie der Neptuntempel. Hier sind gut die noch erhaltenen Dekorationselemente am Architrav zu erkennen.

Badebuchten und antike Siedlungen

Der Küstenabschnitt zwischen Paestum und Maratea gehört zu den reizvollsten Landschaften Italiens, vor allem im Frühling, wenn diese Gegend nicht überlaufen ist. Die Strecke ist rund 160 Kilometer lang und würde, sollte man sie mit dem Auto direkt ohne anzuhalten durchfahren, etwa vier Stunden in Anspruch nehmen.

Vorbei geht die Fahrt an einladenden Badebuchten und Stränden, an malerischen Fischerdörfern mit viel Grün bis nach Elea, dem antiken Velia. Erhalten sind hier aus der griechischen Zeit nur die Ruinen des antiken Hafengebiets, Thermenanlagen und eine Akropolis. Beeindruckend ist die Porta Rosa: Malerisch und fotogen in einer kleinen Felsschlucht gelegen, diente dieses Tor als Verbindung zwischen zwei Stadtteilen und als Wasserleitung, die einst das kostbare Nass in die Akropolis transportierte.

Weiter geht es zum Fischer- und Badeort Marina di Maratea, einer pittoresken Perle. Wunderschön im Golf von Policastro gelegen, zieht sich die Ortschaft die grünen Hänge direkt an der Küste hinauf. Weiter oben gibt es noch ein zweites Maratea, in 300 Metern luftiger Höhe; hier locken reizvoll dekorierte barocke Kirchen. Die Badebuchten und Strände von Marina di Maratea gehören zu den schönsten Süditaliens und bieten sich ideal für einen erholsamen Aufenthalt an.

INFO

WELTLITERATUR AUS KAMPANIEN

25 km nördlich von Paestum wurde in dem kleinen Städtchen Eboli Weltliteratur geschrieben. Im historischen Zentrum, das sich seit dem Faschismus nur wenig verändert hat, schrieb der italienische Schriftsteller Carlo Levi 1936 seinen weltberühmten autobiografisch inspirierten Roman »Christus kam nur bis Eboli«. Darin schildert der in Eboli in der Verbannung lebende Antifaschist, wie einfach die Menschen dort damals lebten und wie sehr sie in heidnisch anmutenden Vorstellungen gefangen waren. Levi zufolge beginnt ab Eboli südwärts ein anderes, ein in jeder Hinsicht unterentwickeltes Italien, das weder vom Christentum noch von modernem Denken durchdrungen ist.

WEITERE INFORMATIONEN

www.museopaestum.beniculturali.it
www.padula.eu

← Eine heilige Straße führt zu den hervorragend erhaltenen Tempeln von Paestum.
↑ An der malerischen Küste locken kleine Fischerorte.

12

MÄRCHENHAFTES CIVITA DI BAGNOREGIO

NUR ÜBER EINE BRÜCKE ZU ERREICHEN

Man nehme einen mächtigen und knapp 300 Meter hohen Tuffsteinhügel, umgeben von einer malerischen Landschaft mit Wäldern und Feldern, und setze ein Bilderbuchdorf auf die Spitze …

Eine Zwergortschaft aus historischen Gebäuden mit einer kleinen zentralen Piazza plus Kirche und einer Aussicht von den einzelnen Gebäuden, die einfach nur traumhaft ist: So präsentiert sich dieser Ort, der weder mit dem Auto noch mit Moped zu erreichen ist. Nur eine 250 Meter lange Fußgängerbrücke führt von Bagnoregio nach Civita.

Auf diesem Hügel mit seiner malerischen und stillen Ortschaft (Verkehr gibt es ja keinen) lebten im 7. Jahrhundert v. Chr. schon die Etrusker. Die Römer zerstörten diese etruskische Ortschaft später, und erst im Mittelalter lebte die Geschichte von Civita wieder auf. Der Ort gehörte fortan zum Kirchenstaat; hier residierte ein ortseigener Bischof.

Im Dornröschenschlaf

Zauberhaft ist ein Spaziergang durch Civita: Nach Überschreiten der Fußgängerbrücke geht es durch die Porta S. Maria, die zur einstigen mittelalterlichen Befestigung Civitas gehörte.

Das Örtchen, in dem heute keine 20 Menschen mehr leben, bietet kleine gepflasterte Gassen und die Kirche San Donato am gleichnamigen einzigen Platz. Unter dem Platz soll sich das antike Forum befunden haben. Die Kirche war vom 6. bis Ende des 17. Jahrhunderts Bischofssitz; sie enthält ein schönes und gut erhaltenes Kruzifix der Schule Donatellos aus dem 15. Jahrhundert.

Es gibt ein Lokal, eine Kaffeebar und einige Möglichkeiten in Civita zu übernachten. Das hat einen ganz besonderen Reiz, denn wenn die wenigen Touristen, die hierherkommen, abgereist sind, fällt Civita in eine Art Dornröschenschlaf – kein Lärm, keine Autogeräusche, nur der Gesang der Vögel und die Präsenz einiger weniger Menschen.

Poröser Tuffstein

Doch Civita stirbt. Mit jedem schlechten Wetter ein wenig mehr. Der Ort bröckelt, und starker Regen ist sein größter Feind. Der poröse Tuffstein bricht, Stück für Stück stürzt er in das tiefe Tal unterhalb von Civita. Einige der alten Gebäude sind bereits vom Einsturz bedroht. Und auch wenn die Erosion den Tuffhügel ungemein reizvoll aussehen lässt, ist sie doch eine große Gefahr für Civita.

Auch wenn seit einiger Zeit vor allem US-amerikanische Besucher hier anzutreffen sind (eine US-Universität veranstaltet in Civita z. B. Sommerkurse), ist der Ort in der Regel leer oder wenig besucht – ideal, um einfach mal abzuschalten und zu genießen.

INFO

NICHT NUR DES WEINES WEGEN

Keine 20 Autominuten von Civita di Bagnoregio entfernt liegt auf einem Hügel oberhalb des Lago di Bolsena die Kleinstadt Montefiascone. Von hier stammt der wunderbar leichte Weißwein »Est! Est!! Est!!!«. Unbedingt sehenswert ist S. Flaviano, eine der schönsten und architektonisch ungewöhnlichsten romanischen Kirchen der Region Latium. Der gewaltige Innenraum bietet fantasiereiche Säulenkapitelle mit Monsterfiguren und Wandmalereien und öffnet sich zur Oberkirche hin. Das im 13. Jh. errichtete Gotteshaus hat sich seitdem nicht wesentlich verändert. Von der städtischen Burg Rocca hat der Besucher einen herrlichen Blick auf den großen See.

WEITERE INFORMATIONEN

Civita di Bagnoregio: www.civitadibagnoregio.cloud
Montefiascone: www.tusciaturismo.com

↖ Civita di Bagnoregio: Errichtet auf einem bröckelnden Felsen.
↑ Die Fische aus dem Bolsenasee gelten als lokale Spezialität.

13

VILLENPRACHT BEI LUCCA

LANDRESIDENZEN FÜR STILVOLLE SOMMERFERIEN

Sie wirken wie kostbare Schatzkästchen. Ungemein elegant gestaltet und reich verziert. Mit Loggien und Skulpturen auf den Dächern, mit Türmchen und den verschiedenartigsten Treppenformen. Mit Brunnen und Gärten, mit grünen Wiesen und Seen, mit Alleen und uraltem Baumbestand.

In Lucca wohnen und arbeiten und im Frühling und Sommer ab in die Landvillen an den Hügeln nördlich von Lucca, bequem mit dem Pferd oder mit einer Kutsche in nur kurzer Zeit zu erreichen und mit vor allem angenehmeren Temperaturen als im Tal – dort ließen es sich einst die Luccheser Adligen und die reichen Bürger gutgehen. Heute kann man auf einer zauberhaften Frühlingstour an ein oder zwei Tagen die zauberhafte Architektur und die fantasiereiche Gartenkunst neu entdecken.

Wie etwa die Villa Mansi, eine elegante und raffinierte Landvilla aus dem 18. Jahrhundert in Segromigno in Monte, einem Dorf bei der Ortschaft Capannori, nicht weit von Lucca entfernt. Dazu gehört ein englisch inspirierter Landschaftsgarten mit weiten Wiesen, seltenen Nadelhölzern und exotischen Pflanzen. Es dominieren Kamelienblüten in allen Farben, wie man sie heute noch in vielen Parks der Luccheser Landvillen findet.

Ein Landschloss für Napoleons Elisa

Klassizistisch streng und elegant geordnet präsentiert sich die gar nicht verspielt wirkende Fassade der Villa Reale di Marlia in der Ortschaft Marlia. Ihren letzten Schliff bekam dieses mächtige Bauwerk im frühen 19. Jahrhundert, als sie Eigentum von Elisa Bonaparte Baciocchi wurde, der Schwester Kaiser Napoleons. Da es für sie eine königliche Villa sein musste, entstand die Villa Reale di Marlia, d. h., die bereits existierende Villa wurde ganz nach dem Geschmack des Empire umgebaut.

Nach dem Sturz Napoleons vertrieb man die hochschwangere Elisa aus ihrer Residenz, und die neuen Eigentümer wurden die Bourbonen und Herzöge von Lucca. Mit der italienischen Staatseinigung gelangte die Villa in den Besitz der neuen italienischen Könige. Heute gehört Villa Reale einem Schweizer Ehepaar.

Architektonische Zaubertricks

Ganz anders präsentiert sich die Villa Torrigiani di Camigliano bei Capannori. Sie gilt als eine der prächtigsten und architektonisch szenografischsten Landresidenzen des Luccheser Adels. Die Hauptfassade ist unten wie oben jeweils von einer Loggia durchbrochen, wobei die obere Loggia höher ist als die untere, was den Eindruck erweckt, dass die Fassade in die Höhe schießt. Der Effekt der Höhe wird zusätzlich durch ein viertes Geschoss auf dem Dach erzielt, das aber weniger breit als der Unterbau ist. Darüber erhebt sich ein kleiner Turm mit einer Skulptur darauf. Reizvoll ist der polychrome Charakter der Fassade, die aus mehrfarbigem Gestein gestaltet wurde. Und ja, auch die Villa Torrigiani umgibt ein prächtiger Park, der bei gutem Frühlingswetter zum Verweilen einlädt.

INFO

EHER SCHLOSS ALS KLOSTER

Rund 30 km südlich von Pisa erhebt sich ein Kloster so groß wie ein Schloss. Die immense Anlage Certosa di San Giovanni Evangelista in Calci geht auf das 14. Jh. zurück, erhielt aber ihr heute grandioses Aussehen im 17 und 18. Jh. Die hohe barocke Fassade wird von zwei Treppenrampen flankiert. Der Innenraum mit zahlreichen Seitenkapellen zeigt barocke Gemälde und Wandmalereien sowie einen geometrisch eindrucksvoll gestalteten Marmorfußboden. Wandmalereien des 18. Jh. zieren auch die Foresteria Granducale, die als Unterkunft für den Besuch der toskanischen Großherzöge errichtet wurde. Im Refektorium fasziniert ein großflächiges »Letztes Abendmahl« aus dem späten 16. Jh.

WEITERE INFORMATIONEN

www.villeepalazzilucchesi.it (auch in Englisch)
www.msn.unipi.it (auch in Englisch)

← Barockvilla plus Park für die Sommerfrische der reichen Bewohner Luccas.
↑ Ein Kloster im Stil eines barocken Schlosses in der Ortschaft Calci.

14

IKONISCHES RONCHI

ITALIENS ARCHITEKTONISCH INTERESSANTESTE FERIENENKLAVE

Wo man einen Blick durch die Eingangstore und die hohen Hecken und Schirmpinien erhascht, bekommt man prächtige Villen zu sehen – im Bauhausstil und im Stil des italienischen Rationalismus der 1950er- bis 1970er-Jahre. Willkommen in einer der kuriosesten Ferienanlagen Italiens!

Ronchi? Von diesem Ort haben die meisten Italiener noch nie etwas gehört. Und doch ist Ronchi das Ziel von Architekturfreunden aus der ganzen Welt, die hellauf begeistert sind von den zahlreichen ikonischen Sommerresidenzen ringsum.

Rationalistischer Baustil …

In Ronchi ließen sich seit den 1930er-Jahren vor allem aristokratische und großbürgerliche Familien aus Mailand und Rom Villen von den berühmtesten Architekten ihrer Zeit errichten: von Gio Ponti etwa und von Tomaso Buzzi.

Auch wenn sich ihre Entwürfe für Ferienresidenzen zum Teil stark voneinander unterscheiden: Es dominiert der sogenannte rationalistische Baustil, die italienische Variante des deutschen Bauhauses, wie man etwa an der Casa Veragioli von Aldo Rossi sehen kann – eine Hommage an den österreichischen Architekten Adolf Loos.

… und Architektur-Ikonen …

Zwei Villen fallen bei einem Besuch in Ronchi sofort ins Auge, und dass nicht nur wegen ihrer Größe: In den 1930er-Jahren entwirft Tomaso Buzzi »la Campana«, auch Villa Medea genannt. Ganz im Stil der rationalistischen Architektur jener Jahre besteht das Haupthaus aus einem rechteckigen Fassadenblock, der an den Seiten von schmucklosen Fenstern und Bogentüren durchbrochen ist. Die Hauptfassade öffnet sich durch drei haushohe eckige Eingangsportale, die den Park mit dem Innenhof verbinden.

Aldo Rossi hingegen lieferte in den frühen 1960er-Jahren den Entwurf für die Villa Ceragioli. Sie erinnert in verblüffender Weise an die Bauten des Bauhauses u. a. in Weimar: klare und kantige Linien und ein Baukörper, der aus verschiedenen quadratischen und rechteckigen Blöcken besteht.

… heute wieder entdecken

Ronchi wurde in den 1920er-Jahren von deutschsprechenden Italienerinnen quasi entdeckt, und in den 1930er- und 1940er-Jahren wurde es unter antifaschistischen Intellektuellen Mode, hier eine Ferienvilla zu besitzen, die man in den Monaten ab Ostern frequentierte.

Mit einer schönen Tour durch diese Villenanlagen kann man Ronchi entdecken. Eine Vereinigung aus Villenbesitzern, Historikern und Architekten hat vor Kurzem einen prächtigen Bildband, auch in englischer Sprache, zu diesem noch heute exklusiven Ferienort herausgegeben mit zahlreichen Informationen zu den Villen und ihren Geschichten. Derzeit arbeitet man daran, dass es bald regelmäßig organisierte Besichtigungstouren zu den schönsten Landvillen geben wird – Tage der offenen Tür – damit Architekturfreunde nicht mehr nur auf verstohlene Blicke durch Eingangstore und Hecken angewiesen sind.

INFO

IN DIE MARMORBERGE

Mit der Marmotour geht es bei Carrara ganz tief hinein in die Berge aus dem weltweit begehrten weißen Gestein. Hier lernt man, wie schwer es ist und vor allem in früheren Zeiten war, den Stein von Hand abzubauen und dann zu bearbeiten. Die 40-minütige Tour beinhaltet auch eine Fahrt durch die Abbaustollen in die Galleria Ravaccione. Dann geht es weiter zur riesigen Cattedrale del Marmor – wirklich eindrucksvoll sind die großen eckigen Räume, die beim Abbau in den Berg geschlagen werden, eine Technik, die schon die alten Römer beim Aushöhlen der Berge anwandten.

WEITERE INFORMATIONEN

Zur Sommervillenanlage: www.pacinieditore.it (nur auf Italienisch und Englisch)
www.marmotour.com

↖ Stardesigner Aldo Rossi entwarf die Casa Ceragioli.
↑ Ungemein beeindruckend ist der Abbau gigantischer Marmorblöcke in Carrara.

15

RENAISSANCESCHATZ URBINO

DIE »IDEALE STADT« DER FAMILIE DA MONTEFELTRO

Die Kleinstadt in den Marken bietet eine ummauerte Altstadt, die man bequem in rund einer Stunde besichtigen kann. Doch hinter den eleganten historischen Fassaden verbergen sich jede Menge Schätze der Renaissance, für die sich auch eine längere Anreise lohnt.

Auch wenn man es kaum glauben mag: Urbino war einst eine Hauptstadt. Von hier aus regierte die Familie der Herzöge von Montefeltro ihr kleines Reich. Ihre Hochzeit in der Geschichte erlebte diese berühmte Adelssippe in der Renaissance, und in jener Epoche scheint auch das Städtchen Urbino verwurzelt geblieben zu sein.

Krieger und Freund der Künste

Vor allem Federico da Montefeltro (1444–1482) widmete sich den Künsten und machte aus dem kleinen Urbino eine große Kunststadt, eine nach seinem Verständnis »ideale Stadt«, heute ein begehrtes Ziel von Kunstliebhabern, die sich hier dennoch nie in die Quere kommen werden, denn die Ortschaft liegt jenseits der stark befahrenen Touristenstraßen.

Als Condottiere (Heerführer) machte Federico Karriere und kam zu großem Reichtum. Einen guten Teil seiner Einnahmen aus dem Kriegsgeschäft investierte er in Kunst und Kultur – der Krieger und Diplomat ging schließlich nicht ohne Grund in die italienische Geschichte als Förderer der Literatur und Kunst ein.

← Abendlicher Aperitiv vor einer Barockkirche in Urbino.

Residenz und Museum

Das größte und wichtigste historische Bauwerk Urbinos ist der Palazzo Ducale. Er gilt als der Archetyp einer befestigten Fürstenresidenz der italienischen Renaissance. Ein mächtiges Gebäude, das so groß ist, dass man es deshalb als Sitz der Galleria Nazionale della Marche auswählte, als Sitz der Nationalgalerie für Kunst mit den bedeutendsten Werken aus der Region Marken. Es handelt sich unbestritten um eines der wichtigsten Museen Mittelitaliens, und das will im an Kunst reichen Italien etwas heißen.

Der Besucher bekommt in den historischen Sälen der Familie da Montefeltro große Kunst zu sehen. Der Palazzetto della Jole nimmt einen ganzen Flügel des herzoglichen Palastes ein. Besichtigt werden können herrschaftliche Apartments mit prächtigen Zimmerfolgen und einige Räume, die auch die intellektuellen Vorlieben des Bauherrn Federico widerspiegeln.

Da ist etwa das sogenannte Studiolo, ein Arbeitszimmer der besonderen Art: ein kleiner Raum, rund 4 x 3 Meter groß. Die Wände sind mit hölzernen Intarsienarbeiten geschmückt; sie gaukeln dem Betrachter Landschaften, Gebäude und Gärten vor. Es handelt sich um Einlegearbeiten, die auch die Freien Künste darstellen, Musikinstrumente und Notenpapier, Bücher und wissenschaftliche Instrumente

sowie Kuriositäten, die die Fürsten damals in ihren Wunderkammern sammelten.

Frevelhafte Kunst

Die da Montefeltro waren durch und durch Renaissancemenschen. Das bedeutet, dass sie sich zwar als praktizierte Katholiken präsentierten, aber auch alles vergötterten, was aus der Antike stammt. Das wird besonders in den beiden Zwillingskapellen deutlich: Eine ist den Musen, also den Künsten, die andere Gott geweiht. Schon zu Zeiten Federicos da Montefeltro gab es Geistliche, die in diesen Kapellen einen Frevel sahen.

Nahezu der gesamte Palazzo ist heute ein Museum. Die Gemälde, die hier ausgestellt werden, sind Hauptwerke von Tizian und Paolo Uccello, von Melozzo da Forlì, von Luca della Robbia, von Botticelli, von Bramantino und vielen anderen. Für einen entspannten Rundgang durch dieses Museum sollte man sich mindestens einen halben Tag Zeit nehmen. Reizvoll sind auch die sich stets verändernden Blicke aus den zahlreichen Fenstern auf die grüne Umgebung Urbinos und das historische Dächermeer der Stadt.

Meister der Renaissance

Zu den beachtenswerten Sakralbauten Urbinos gehört zweifellos S. Giovanni Battista. Das Oratorium ist ein Bau aus dem 13. Jahrhundert. Das architektonisch schlichte Innere birgt einen Freskenschatz: ein Zyklus von Wandbildern, der das Leben des Heiligen Johannes und die Kreuzigung nacherzählt, gemalt 1418 von den Brüdern Iacopo und Lorenzo Salimbeni, Meister der Frührenaissance.

Der Dom mag etwas enttäuschen. Er wurde im 15. Jahrhundert von Federico da Montefeltro in Auftrag gegeben, allerdings nach einem Erdbeben 1789 von Giuseppe Valadier, einem der berühmtesten Baumeister und Designer seiner Zeit, als neoklassizistische Kirche neu erbaut; diese wirkt ziemlich kühl und hat mit dem Renaissance-Ambiente Urbinos nur wenig gemein.

Vom Innenraum des Doms aus erreicht der Besucher durch eine Tür im rechten Seitenschiff das Museo Albani, eine kleine, sehr feine Sammlung mit mittelalterlichen Wandmalereien, Keramiken und aufwendig bestickten Gewändern von Geistlichen aus verschiedenen Jahrhunderten. Diese Sammlung zeigt auch ein wichtiges Gemälde von Federico Barocci (ca. 1528–1612), der als einer der wichtigsten Maler der Zeit zwischen Renaissance und Barock gilt. Sein Gemälde in diesem Museum stellt das letzte Abendmahl dar.

Zu Besuch bei Raffael

In Urbino wurde Raffael geboren, einer der wichtigsten Künstler der italienischen Renaissance überhaupt. Er schuf allerdings kein einziges Werk in seiner Heimatstadt, was damit erklärt wird, dass sein Vater (ebenfalls ein Maler) starb, als Raffael noch ein Kind war. Um Karriere machen zu können, verließ der Sohn seine Heimatstadt und wurde auswärts berühmt.

Das Geburtshaus Raffaels, die Casa Natale di Raffaello, steht immer noch und kann besichtigt werden. Sie liegt in der – wie kann es anders sein – Via Raffaello. Es wurde versucht, mit historischem Mobiliar, mit Kopien der Werke Raffaels und mit Originalgemälden seines Vaters eine möglichst originale Atmosphäre zu schaffen.

Auch wenn hier keine Originalgemälde Raffaels zu besichtigen sind, strahlt dieser Ort eine ganz besondere Atmosphäre aus, wie ganz Urbino.

↖ Im Kunstmuseum: Federico da Montefeltro mit seiner Frau Battista Sforza.
↗ Die Residenz der Herzöge von Urbino ist heute ein Kunstmuseum.

INFO

DIE FESTUNG VON SAN LEO

Keine 30 Autominuten nördlich von Urbino erhebt sich in 600 Metern Höhe auf einem Berg die Festung San Leo, eine ungemein malerisch gelegene Burg, die schon von Weitem gut zu erkennen ist. Lange uneinnehmbar, ist das Forte aus dem 10. Jh. (ausgebaut im 15. Jh.) eine der schönsten und am besten erhaltenen Festungen ganz Italiens. Ein kleines Museum innerhalb der Festung zeigt Renaissancegemälde und bietet einen fantastischen Panoramablick bis hin zur Adria. Die Festung diente im 18. Jh. als Gefängnis des Kirchenstaats, der damals noch bis in diese Gegend hinein das Sagen hatte. In jenem Jahrhundert saß hier einer der damals berühmtesten Gauner und Zeitgenossen ein: der Palermitaner Giuseppe Balsamo, der als Graf Cagliostro in ganz Europa an den angesagtesten Höfen sein Unwesen trieb. Als Frauenheld und Betrüger, als Dieb, Alchimist und Gottesfrevler wurde er zu lebenslanger Haft verurteilt. Cagliostro überlebte hier nur vier Jahre lang eine harte Isolationshaft.

WEITERE INFORMATIONEN

www.pesarourbino.com
www.gallerianazionalemarche.it

Fischerdorf Manarola an der traumhaften Küste Cinque Terre.

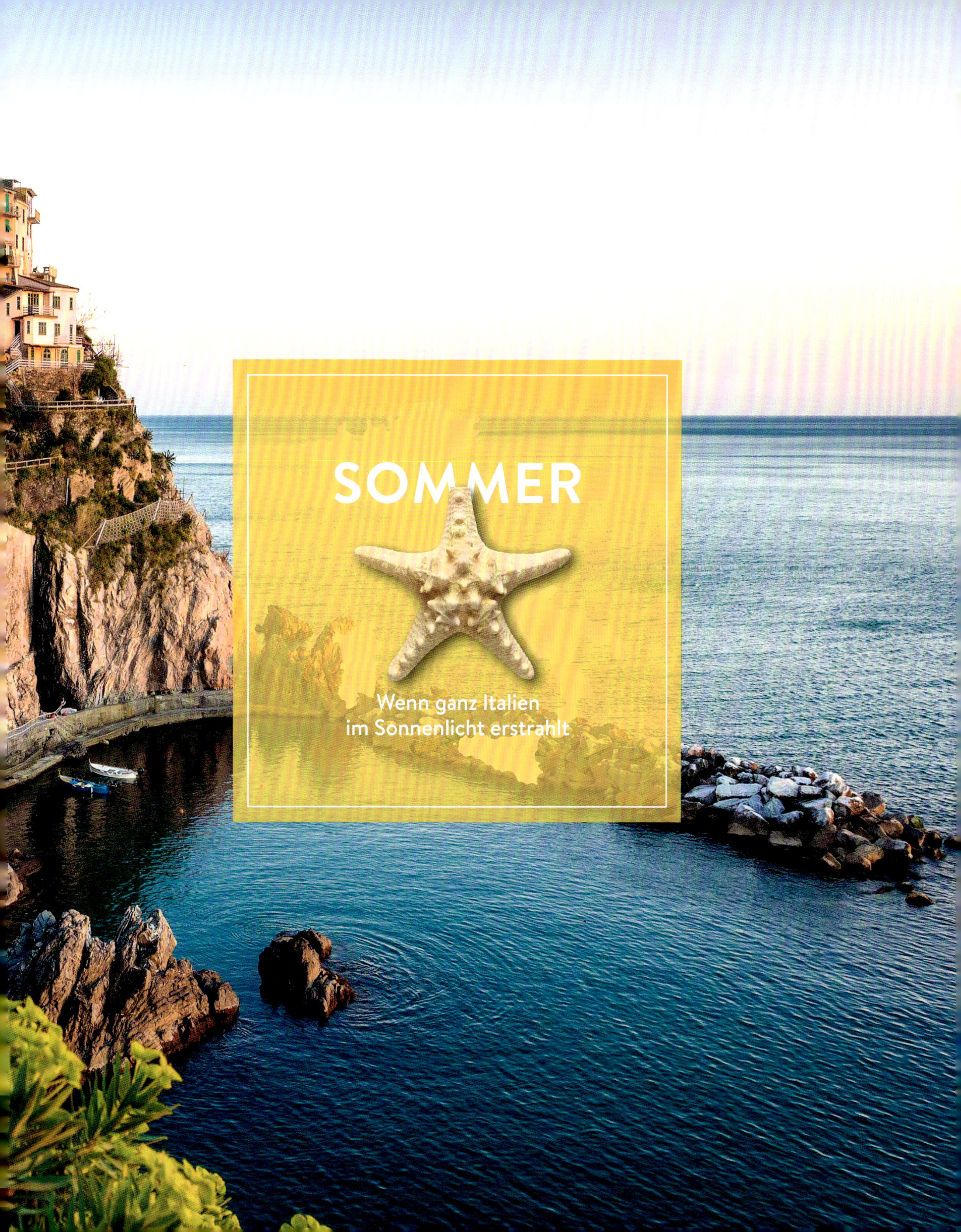
SOMMER
Wenn ganz Italien
im Sonnenlicht erstrahlt

16

WILDES VAL TRAVENANZES

EIN UMWERFEND SCHÖNES ALPENTAL

Eine Herausforderung für Landschafts- und Bergliebhaber ist das Val Travenanzes: Wilde, unberührte und von zerklüfteten Felsen dominierte Bergszenerien präsentieren sich hier auf jedem Meter. Eine dramatische Natur, wie man sie eher in Kanada oder den USA vermuten würde.

Lang ist dieses Tal wirklich nicht, nur knapp zehn Kilometer misst es. Ein eher kleines Tal also, das man aber deswegen nicht unterschätzen sollte. Das Val Travenanzes wird von einem Fluss, dem Rio Travenanzes, durchflossen. Umstanden ist es von der Tofane-Berggruppe mit den Gipfeln des Lagazuoi, der Fanes und der Furcia Rossa. Die gewaltigen Felsmassive der Tofane erreichen Höhen bis rund 3240 Meter, und der Lagazuoi misst stolze 2835 Meter. Wer dieses Tal zum ersten Mal betritt, kann angesichts dieses Bergpanoramas nur staunen.

Grandioser Dolomitencanyon

Im Sommer eignet sich dieses Tal für eine der unvergesslichsten Höhenwanderungen, die man in den Dolomiten unternehmen kann. Die Tour verläuft über 20 Kilometer Hin- und Rückweg, für die man etwa sieben Stunden benötigt, und fordert eine Höhendistanz von ca. 655 Metern. Die Wanderung durch den grandiosen Dolomitencanyon gilt als leicht, doch sollte man körperlich schon ein wenig trainiert sein.

Man kann das Tal von der Ponte Felizon aus bis zur Malga Travenanzes durchwandern. Dort gibt es zwar leider keine bewirtschaftete Schutzhütte – zu weltabgeschieden ist der Ort, dass dort viele Menschen vorbeikommen würden –, aber eine einfache Hütte bietet sich als Unterstand an, wenn das Wetter sich verschlechtern sollte.

Bergromantik pur

Eine andere Wandertour durch das Tal beginnt am Fuß des Lagazuoi, wo man auch das Auto parken kann. Diese Tour erfordert aber schon mehr Wandererfahrung und körperliche Ausdauer, auch sollte man dafür etwa sieben Stunden Zeit einplanen. Eineinhalb Stunden dauert der Aufstieg über ca. 420 Meter bis zur Forcella. Dort stößt der Wanderer auf eine Wegverzweigung, von wo es hinab ins naturbelassene und wilde Val Travenanzes geht. Und hier bietet jeder Gehmeter einen faszinierenden Blick auf das gesamte Tal und die Berge. Toll ist auch, dass dieser Weg landschaftlich so abwechslungsreich ist: Felsen und Bäume, Wasser und Wiesen ...

Man folgt nun dem Wanderweg durch das Tal durch einen Wald und an Bächen entlang, die den Pfad eine Zeit lang begleiten, im Sommer aber in der Regel ausgetrocknet sind. Dann wird das Tal immer schroffer, die Felsen nähern sich dem Wanderweg immer weiter an, und bald erreicht der Wanderer einen großen Bach mit glasklar türkisfarbenem Wasser: Dolomitenromantik pur. Nun kommt es aber – ganz wichtig! – auf das richtige Schuhwerk an, denn je weiter man in das Val Travenanzes hinabsteigt, umso gerölliger wird der Weg.

Der Wanderweg ist zwar gut ausgeschildert, jedoch empfiehlt es sich, eine Wanderkarte des Gebiets dabeizuhaben, um ggf. auch den einen oder anderen Gipfel rundum identifizieren zu können.

INFO

BILDERBUCH-BERGDORF

Canazei, nicht weit vom Val Travenanzes entfernt, ist eine kleine und sehr reizvolle Ortschaft in der Region Trento. Auf knapp 1500 m Höhe gelegen, ist es ein bekannter Ausgangspunkt für Kletter- und Wandertouren, z. B. ins nahe Val di Fassa und zu den Dolomitengipfeln Marmolada und in die Sella-Gruppe. Die Ortschaft bietet einige Locations, die einen Besuch lohnen, wie etwa die frühbarocke Kirche San Floriano oder die Chiesa della Madonna della Neve (beide aus dem 16. Jh.) mit einem großen Wandbild des Heiligen Christopherus an einer der Außenfassaden, ein Kunstwerk aus dem 18. Jh. Romantisch liegt die Chiesa di Sant'Antonio Abate, von der man einen umwerfenden Blick auf die Bergwelt rund um Canazei hat.

WEITERE INFORMATIONEN

www.fassa.com

← Wiesen, Kiefernbäume, steile Dolomitenfelsen: das Val Travenanzes.
↑ Unbedingt hinein in eine Schutzhütte, wenn das Wetter umschlägt!

17

HIMMELREICH AUF ERDEN – CASTELLI ROMANI

WO PÄPSTE UND KARDINÄLE FERIEN MACHTEN

Castel Gandolfo kennt fast jeder Rom-Besucher als päpstliche Sommerresidenz. Aber in den Albaner Bergen bei Rom reiht sich eine historische Villa inklusive Park an die andere – in einer bergigen Landschaft mit ungewöhnlich schön gelegenen Vulkanseen und einem sehr erfrischenden Wein.

Bis zu Papst Benedikt XVI. machten die Pontifexe Ferien in ihrem Sommerpalast in Castel Gandolfo, einem Komplex mit 55 Hektar Land, barocken Ziergärten und drei Villen, die mit den Lateranverträgen von 1929 zwischen dem faschistischen und dem Heiligen Staat offiziell zu einem exterritorialen Besitz des Vatikans wurden. Eine ausgedehnte Anlage mit dem eigentlichen Papstpalast, der barocken Villa Cybo und dem Palazzo Barberini. In Castel Gandolfo ruhte sich sommers der »deutsche Papst« nicht nur aus, hier empfing er auch ausgewählte Besucher.

Die Papstresidenz auf dem Vulkan

Papst Franziskus hat aus der prächtigen Anlage ein Museum gemacht. Es ist eines der Highlights beim Besuch in den Albaner Bergen nahe Rom. Die Papstresidenz liegt auf dem bergigen Rand eines ehemaligen Vulkans, in dessen einstigem Krater sich seit Jahrtausenden der Albaner See befindet.

Schon vor den Päpsten war das Territorium der heutigen Residenz Ziel antiker Prominenter. Die offizielle Geschichte der Papstresidenz begann 1596. In jenem Jahr erwarb die päpstliche Kammer von der Adelsfamilie Savelli das Terrain. Aber erst Urban VIII. ließ die bestehenden Gebäude in den Zwanzigerjahren des 17. Jahrhunderts zu einer päpstlichen Residenz umbauen.

Palasterprobtes Hühnervolk

Von der Anlage werden rund 25 Hektar landwirtschaftlich genutzt. Die Blumen in den Vasen der römischen Papstwohnung stammen wie auch das Fleisch und andere Lebensmittel aus eigener Produktion. Der päpstliche Bauernhof von Castel Gandolfo – auch er kann inzwischen besichtigt werden – verfügt natürlich auch über einen Hühnerstall – und zwar nicht über irgendeinen, denn im »Himmelreich auf Erden«, wie Johannes Paul II. die Sommerresidenz einmal nannte, bewohnen die Hühner und Hähne einen hölzernen Stall, der wie ein Mini-Renaissancepalast gestaltet ist!

Unterhalb von Castel Gandolfo liegt der Albaner See in dem kreisrunden ehemaligen Vulkankrater; er kann auf einem der reizvollsten Wanderwege bei Rom umwandert werden (ca. 10 km). Am Ufer locken zudem gute Lokale.

Frascatis schönstes Schloss

Die Albaner Berge werden auch Castelli Romani genannt, was so viel wie »römische Schlösser« bedeutet. Dieser Name ergibt

→ Einst prächtiger Urlaubsort für Päpste, heute als Museum für alle zugänglich.

sich aus dem Umstand, dass in Folge urlaubender Päpste auch Roms Kirchenadel es sich nicht nehmen ließ, ebenfalls in den Albaner Bergen Sommerresidenzen zu errichten.

Etwa in Frascati. Der Ort ist nicht nur wegen des gleichnamigen und süffigen Weißweins ein Begriff. Gleich am Ortseingang steht die Villa Aldobrandini, eines der unbestritten schönsten Schlösser in Roms Umgebung. Von einem Platz hinter einer Mauer und einem Eisentor führen eine Allee und ein Park hinauf zu einem prächtigen Gebäude, das zwar Villa genannt wird, aber durchaus einem Schloss gleicht. Begonnen wurde der Bau vom Renaissance-Starbaumeister Giacomo della Porta im Jahr 1598. An der Fertigstellung der Anlage waren auch so bekannte Architekten wie Carlo Maderna und Giovanni Fontana beteiligt. Sie gaben der Villa ihren eleganten frühbarocken Stil. Die Innenräume sind reich mit Wandmalereien der römischen Schule des 17. Jahrhunderts geschmückt. Der Park ist mit seinen Terrassen umwerfend schön und bietet verschiedene Panoramablicke auf Rom – bei gutem Wetter ist selbst die Peterskuppel zu sehen.

Eleganz und Luxus

Zwei weitere Villen sind sehenswert in Frascati: Die Villa Falconieri wurde Mitte des 16. Jahrhunderts errichtet und vom Star-Baumeister Borromini vergrößert. Heute ist hier das Europäische Studienzentrum untergebracht – in Sälen, die komplett mit Fresken ausgeschmückt sind.

Die Villa Mondragone ist heute Außenposten der Universität Rom. Sie wurde 1575 von Martino Longhi errichtet, und die elegante Fassade ist ein Werk des Renaissancekünstlers Vignola.

Im benachbarten Grottaferrata kann man in einer der noch existierenden zwölf Villen sogar als Gast logieren: Die Villa Grazioli, mit Park und Traumblick auf Rom, ist ein Luxushotel mit sehr beachtenswerten Freskenmalereien, u. a. von Antonio Carracci, in der Galerie im zweiten Stock.

Barocke Pracht in Ariccia

In Ariccia erwarb 1661 die Bankiers- und spätere Papstfamilie Chigi ein riesiges Grundstück. Sie beauftragte Gian Lorenzo Bernini, den Meister des Petersplatzes in Rom, mit der kompletten Neugestaltung des Ortskerns von Ariccia. Bernini schuf die dem Palast gegenüberliegende Kirche sowie auch den gesamten Platz, der heute einer der architektonisch eindrucksvollsten der Castelli Romani ist. Der bereits bestehende Palast, der direkt an einen Park und an ein Tal angrenzt, wurde ebenfalls von Bernini errichtet und später von Carlo Fontana um- und ausgebaut. In den zahlreichen Sälen wurde vor einigen Jahren ein Museum eingerichtet, in dem Teile der umfangreichen Kunstsammlung der Familie Chigi gezeigt werden. Nicht ohne Grund werden die Kollektionen »Museo del Barocco« genannt, denn die ausgestellten Gemälde stammen von barocken Malern wie u. a. Maratta, Borgognone, Voet, Rosa oder Momper.

Einige der Villen der Castelli Romani, vor allem bei Frascati, wurden durch Kampfhandlungen im Zweiten Weltkrieg beschädigt oder auch komplett zerstört. So ist von der Villa Torlonia in Frascati nur noch der restaurierte Park mit seinen barocken Wasserspielen erhalten geblieben.

↖ Auch das ehemalige Schlafzimmer der Päpste darf besichtigt werden.
↖ Barocke Brunnenwand in Castel Gandolfo.
↗ Gartenterrassen: Lieblingsort für Spaziergänge von Papst Benedikt XVI.

INFO

ANTIKE STRASSE IM TIEFEN WALD

Spazierengehen wie die alten Römer auf einer erstaunlicherweise komplett erhaltenen antiken Straße mitten im Wald? Auf dem Monte Cavo in den Albaner Bergen ist das möglich: auf der sogenannten Via Sacra, der Heiligen Straße, die auf den Gipfel (950 m) hinaufführt. Die ungewöhnlich gut erhaltene Straße aus großen Basaltsteinen verläuft mitten durch dichte Wälder. Wahrscheinlich zogen hier schon in vorrömischer Zeit Menschen zu einem Heiligtum auf den Gipfel des Monte Cavo hinauf. Es gibt verschiedene Wege, die zu dieser Straße führen – am bequemsten ist es, die so gut wie nicht ausgeschilderte, aber unbedingt besuchenswerte Via Sacra über die SP 127 von Rom aus zu erreichen: Richtung Ristorante dei Laghi – la Parisiana, dann am besten weiter mit GPS bis zur Via Scaletta, einer schmalen Straße, über die man den Zugang zur Via Sacra erreicht. Der Weg über diese Straße ist einige Kilometer lang und bietet immer wieder schöne Aussichten.

WEITERE INFORMATIONEN

Papstvilla und Gärten in Castel Gandolfo: www.museivaticaniroma.it
www.aldobrandini.it
www.villamondragone.it
www.villa-grazioli.it
www.palazzochigiariccia.it

18

DRAMENREICHES SIRACUSA

GRIECHISCHES THEATER PAR EXCELLENCE

Es gibt nichts Faszinierenderes, als ein antikes Drama in der dafür vorgesehenen Umgebung zu erleben: z. B. im fantastisch erhaltenen griechischen Theater von Syrakus. An einem Sommerabend, wenn die Hitze Siziliens langsam abklingt und der Sonnenuntergang die antiken Steine in goldenes Licht taucht.

Die Tragödien und Komödien antiker Autoren, die im griechischen Theater in Siracusa zu neuem Leben erweckt werden, sind – ohne Übertreibung – fast schon magische Erlebnisse. Dieses Theater, eines der größten der griechischen Antike, ist wie andere erstaunliche Ruinen jeder Epoche in Siracusa sehr gut erhalten geblieben. Errichtet wurde es ab dem 5. Jahrhundert v. Chr., mit Platz für rund 15 000 Zuschauer.

Wie vor 2000 Jahren

Es kommen keine Mikrofone oder andere moderne Erfindungen zum Einsatz, und alles hat den Charme einer antiken Aufführung wie vor mehr als 2000 Jahren genau an diesem Ort. Das Gebäude, das unter freiem Himmel und in Form eines Halbkreises errichtet wurde – typisch für antike Theater –, besteht eigentlich aus drei Teilen: der Cavea, also dem Ort, an dem man sitzt und zuschaut, der Scena, wie man damals die Bühne nannte, und schließlich dem Orchester, dem Ort, an dem getanzt und agiert wird (schließlich stammt der Begriff Orchester vom griechischen »orcheomai« für »tanzen« ab).

Die Architektur des Theaters ähnelt derjenigen in Griechenland und Kleinasien. Das Besondere daran: Diese Form schafft eine Beziehung zwischen dem szenischen Geschehen und den Zuschauern und begünstigt aufgrund einer für die Akustik perfekten Bauweise das Hören der einzelnen Worte, was für antike Dramen und Komödien enorm wichtig ist, denn mal wird leise, dann wieder laut gesprochen und gesungen.

Immer noch brandaktuelle Themen

Die Magie des antiken Theaters wird an diesem Ort zu einer zeitlosen Realität. In Dramen wie »Medea« oder »Ödipus« wird die Faszination antiker Autoren mit ihrem profunden Wissen um menschliche Leidenschaften real. Plötzlich wird einem bewusst, dass der Mensch in seinem innersten Wesen auch nach Jahrtausenden noch immer derselbe geblieben ist. In den in Siracusa aufgeführten griechischen Dramen wird das Verhältnis von Freiheit und Notwendigkeit sowie der Sinn und Unsinn von Angst und Leid ins Spiel gebracht. Der Mensch erscheint allein und lebt in sich selbst, in all seiner Rohheit und dem ständigen Zusammenstoßen von Sein und Müssen – ganz und gar zeitlose Themen, die antike Autoren wie Aischylos, Sophokles und Euripides in ihren Figuren voller Leidenschaft und mit einer starken Persönlichkeit zum Leben erwecken konnten.

Jedes Jahr organisiert das Nationale Institut für antikes Drama in Siracusa einen reichen Aufführungskalender: Tragödien, Komödien und andere klassische Werke können so in der überaus stimmungsvollen Kulisse des antiken Theaters erlebt werden.

INFO

GRIECHISCHE INSEL MIT KIRCHENTEMPEL

Ortigia ist die Siracusa vorgelagerte Insel, die einst von den Griechen besiedelt und bebaut wurde – ein heute zauberhafter Stadtteil mit reich dekorierten barocken Palästen und Kirchen, einem faszinierenden archäologischen Museum und antiken Ruinen. Und mit der Aretusa-Quelle, in der Papyrus wächst, einzigartig in ganz Italien. Kurios und ebenfalls ein Unikum in Italien ist der Dom: Er wurde in die hervorragend erhaltenen Reste eines antiken Tempels für die Göttin Minerva gebaut. An einer Außenseite der Kirche und im Innenraum sind deutlich die komplett erhaltenen dorischen Säulen zu erkennen, die das Kirchendach tragen.

WEITERE INFORMATIONEN

Zu Aufführungen im griechischen Theater: www.indafondazione.org (auch in Englisch)

↖ Griechische Dramen wie in der Antike ganz ohne moderne Lautsprecher.
↑ Barocke Brunnenpracht im Herzen von Catania.

19

ITALIENISCHE BLÜTENKUNST – INFIORATA

EINE STRASSE ALS ZAUBERHAFTER BLUMENTEPPICH

An jeder Wende vom Frühling zum Sommer bedecken die Einwohner von Genzano bei Rom eine ihrer wichtigsten Straßen komplett mit Blütenblättern – eine Tradition, die auf das 18. Jahrhundert zurückgeht, alljährlich wiederbelebt wird und viele Tausend Besucher anzieht.

Für die sogenannte Infiorata, die immer Ende Juni stattfindet, werden ungefähr 50 000 Kilogramm Blüten benötigt. Diese stammen heutzutage aus Gärtnereien, denn wer hätte die Zeit, so viele Blüten zu sammeln? Einige Tage vor der Gestaltung des Blütenblätterteppichs sortieren Hunderte von Einwohnern aus Genzano diese Naturprodukte, trennen die Blüten von den Stängeln und verteilen sie auf zahllose Körbe. Diesen Vorgang nennt man »piluccamento«. Dann werden die Blütenblätter in den Kellern des Rathauses aufbewahrt, wo sie schön frisch bleiben.

Erst die Prozession, dann ein Heidenspaß

Die Künstler der Infiorata zeichnen auf der Hauptstraße, die Genzano durchquert, die Motive für den neuen Teppich aus Blütenblättern vor. Mit weißen Kreisen entstehen so die Formen der einzelnen Bilder. Dazu werden auch Kartons genutzt, die zuvor zurechtgeschnitten wurden, um die Motive auf dem Asphalt der Straße perfekt wiederzugeben. Die Kunst dieses traditionellen Festes besteht also darin, die verschiedenfarbigen Blütenblätter motivgerecht einzusetzen, bis ein farbiger Teppich als Gesamtkunstwerk entsteht.

Das Fest beginnt mit einem Gottesdienst vor der Kirche Santa Maria della Cima. Es folgt eine feierliche Prozession, die über den Teppich aus zahllosen Blütenblättern hinweggeht. Der Prozessionszug endet vor der Kirche Collegiata della Santissima Trinità. Der durch die vielen Füße stark mitgenommene Blütenteppich wird erneuert und mit Wasser bespritzt, damit die Blütenblätter nicht zu schnell austrocknen.

Dieses Fest dauert von Sonntag bis Montagabend, dann folgt das »spallemento«: Die Kinder von Genzano machen sich einen Heidenspaß daraus, die vielen Blütenblättermotive kräftig durcheinanderzuwirbeln.

Eine lange Tradition

Die erste Infiorata fand im 18. Jahrhundert statt, und zwar auf der Via Sforza, der heutigen Via Bruno Buozzi. Wie anderswo in den Castelli Romani gab es schon in den Jahrhunderten davor die Tradition eines Blütenteppichs für das Kirchenfest zum Feiertag des Corpus Domini. Wahrscheinlich geht die Idee für solche Blütenteppiche auch auf ähnliche Gestaltungsformen mit Blumenblüten in der römischen Peterskirche zurück. Es gibt Dokumente, die solche mosaikähnlichen Naturteppiche im Petersdom im 17. Jahrhundert belegen.

Touristen sollten rechtzeitig zur Infiorata anreisen, denn nur, wer frühzeitig dran ist, kann sich einen guten Platz am Straßenrand für die Prozession sichern.

INFO

CALIGULAS FREIZEITSCHIFF

Kaiser Caligula (12–41) ließ sich ein riesiges Prunkschiff bauen, mit dem er sich auf dem Nemi-See bei Genzano die Zeit vertrieb. Die eindrucksvollen Reste dieses Lustschiffes wurden im vergangenen Jahrhundert aus dem See geholt und in einem Museum am Ufer ausgestellt. Doch im Zweiten Weltkrieg zerstörten deutsche Bomben dieses Museum, und ein Großteil der Überreste dieses und anderer römischer Schiffe verbrannte. Was nicht zerstört wurde, ist heute in einem neuen interessanten Museum zu sehen, das die kuriose Geschichte eines prunkliebenden und wahnsinnigen Herrschers am Nemi-See nacherzählt.

WEITERE INFORMATIONEN

www.prolocogenzano.it
www.polomusealelazio.beniculturali.it (auch in Englisch)

← **Zehntausende von Blüten und Hunderte von Mitarbeitern für den Blumenteppich.**
↑ **Blumenbilder, die wie Gemälde aussehen.**

20

FESTIVAL SPOLETO

KÜNSTLERISCH WACH GEKÜSST

Spoleto ist nicht nur eine der schönsten Kleinstädte Umbriens, umgeben von grünen Hügeln, sondern auch ein ungewöhnlicher Ort der Musik, des Tanzes und des Theaters. Einmal im Jahr erwacht Spoleto und bietet Kunstgenuss vom Feinsten.

Eine Zeit lang reiste der bei Mailand geborene Komponist Gian Carlo Menotti durch sein Heimatland, auf der Suche nach einer Ortschaft, in der er seinen Traum verwirklichen konnte. Menotti war als blutjunger Mann von seiner Mutter zum Musikstudium in die USA geschickt worden. An einer berühmten Musikschule lernte er das Komponieren und wurde schnell berühmt, vor allem mit seinen Opern wie der Weihnachtsoper »Amahl and the night visitors«, die noch heute in den Vereinigten Staaten regelmäßig aufgeführt wird.

Geschenk für das Heimatland

Der Komponist kam zu Ansehen und Reichtum. Ganz nach der US-amerikanischen Philosophie des »Wer viel vom Leben geschenkt bekommen hat, muss einiges davon zurückgeben« fühlte auch Menotti das Bedürfnis, seinem Heimatland etwas zurückzugeben – ihm schwebte ein Festival vor.

In Spoleto wurde er fündig. Die damals verschlafen wirkende Kleinstadt verfügte über gleich drei Theater: ein recht gut erhaltenes römisches Amphitheater in der Altstadt, ein kleines Theater mit rund 300 Sitzplätzen direkt beim Dom und ein komplettes Opernhaus nicht weit entfernt vom Domplatz.

← Der Dom von Spoleto ist ein Hauptwerk der Romanik Mittelitaliens.

Menotti konnte die Stadtväter davon überzeugen, dass sie und das Gemeinwesen von so einem Festival nur profitieren konnten.

1958 war es dann so weit. Das erste Festival Dei due Mondi, das Festival der zwei Welten, der amerikanischen und der italienischen, wurde eröffnet. Dank reicher Freunde aus den USA wurde diese sommerliche Veranstaltungsreihe ein voller Erfolg.

Große Namen in Spoleto

Menotti gelang es, viele Freunde aus den USA in die damals weitgehend unbekannte ländliche Ortschaft zu locken. So kamen u. a. Tennessee William, Luchino Visconti, Roman Polanski oder Luciano Paravotti, und der später weltberühmte Opernstar Renè Fleming präsentierte sich hier zum ersten Mal einem größeren Publikum. Legendär wurden vor allem grandiose Opern- und Theateraufführungen, z. B. Luca Ronconos Theaterinszenierung »Orlando Furioso«.

Von einer spannenden Mischung aus Klassik und Moderne, mit Opern, Konzerten, Sprechtheateraufführungen und Balletten angelockt, kam der Jetset nach Spoleto. Damals gab es hier noch keine Schnellstraßen, und wer die komplizierte Anreise auf sich nahm, blieb meist mindestens eine Woche. Von der Präsenz reicher und weltaufgeschlossener Gäste profitierte die städtische Bevölkerung. Viele Spoletiner waren an

der Logistik des Festivals beteiligt. In den zwei Wochen des Festivals nahmen die städtischen Geschäftsleute so viel Geld ein wie im gesamten übrigen Jahr.

Menotti, der schließlich auch in Spoleto lebte und wie ein lokaler Fürst in einem Palazzo Hof hielt, konnte auch bildende Künstler davon überzeugen, ihre Werke der Stadt zu schenken. So werden Spoleto-Besucher etwa beim Bahnhof von einer riesigen Stahlskulptur von Alexander Calder empfangen.

Kunstgenuss rund um die Uhr

Nach Menottis Tod im Jahr 2007 übernahm dessen Sohn Francis eine Zeit lang das Ruder als Festivalleiter. Mittlerweile ist das Kulturministerium Hauptgeldgeber des Festivals, das – heute vielleicht etwas weniger mondän – immer noch Gäste aus aller Welt anlockt, die von einem herausgeputzten und weltoffenen Spoleto gern empfangen werden. Ganz im Sinn des Festivalgründers finden Veranstaltungen aller Art von vormittags bis tief in die Nacht statt. Neben den drei Theatern von damals gibt es nun auch andere Aufführungsorte, wie etwa eine romanische Kirche beim Domplatz, in der spätabends meditative Konzerte mit alter und zeitgenössischer Musik präsentiert werden. Experimentelles Sprechtheater gibt es in den riesigen Kellergewölben unter dem Teatro Caio Melisso beim Dom. In einer ehemaligen großen Barockkirche finden ebenfalls Veranstaltungen statt. Das wirklich Einmalige dieses Festivals ist der Umstand, dass Besucher ununterbrochen den ganzen Tag lang von einem »spettacolo« zum anderen bummeln können. Und abends locken Restaurants mit ihren Terrassen und die vielen Ausflugslokale in der direkten Umgebung.

Der Domplatz als Konzerthalle

Jede Festivalausgabe beginnt mit einem Eröffnungs- und endet mit einem Abschlusskonzert. Diese finden traditionellerweise seit 1958 auf dem Domplatz statt, der vor der Fassade des prächtigen romanischen Doms beginnend sich einen Hügel hinaufzieht. Wer dort oben sitzt, hat einen umwerfenden Blick auf die Piazza, das Orchester und den Dom. Zu diesen Hauptkonzerten kommen auch viele Spoletiner. Für sie gehört es einfach dazu, sich Karten für dieses »spettacolo« zu kaufen und auf ihrer Piazza mit dabei zu sein. Dann heißt es: Sehen und gesehen werden, und das unter sommerlichem Himmel und bei fantastischer Musik, denn die Orchestra in Residence, die jedes Jahr zum Festival eingeladen werden, gehören zu den Besten in Europa. Und nach den Konzerten locken bis tief in die Nacht fantastische Restaurants in der Altstadt mit den besten regionalen Leckereien.

INFO

WOHNEN IM GRÜNEN

Nur 5 Autominuten vom trubeligen Spoleto entfernt findet der Besucher eine Unterkunft in klassisch umbrischer Natur mit Oliven- und Feigenbäumen, einer schönen Aussicht und ganz viel Stille: »La Licina«. Die verschiedenen Ferienwohnungen mit eigenen Küchen und schönen Terrassen sind alle unterschiedlich gestaltet und gemütlich eingerichtet. Hausherr Ludovico ist sehr hilfsbereit, und seine Frau weiß stets die richtigen Tipps für Spoleto und die Umgebung. Sommers kann man die frischen Feigen direkt beim Pool im Garten von den Bäumen pflücken, und abends ist man mit dem Auto schnell für den Kulturgenuss in Spoleto.

WEITERE INFORMATIONEN

www.festivaldispoleto.com
www.lalicina.it

↖ Die Piazza dell'Orologia bietet gleich mehrere Cafès zum Verweilen.
↗ Bar Tric Trac: um nichts auf dem Domplatz zu verpassen.
→ Freilichtbühne im antiken römischen Theater.

21

PALIO DI SIENA

WILDES PFERDERENNEN MITTEN IN DER STADT

Es geht um Schnelligkeit, um ein Rennen auf Kosten vor allem der Tiere, denn sie werden auf Teufel heraus angetrieben, und es geht um den ehrenvollen Sieg eines Stadtteils, der dann ein Jahr lang die anderen Stadtteile dominiert.

Zweimal im Jahr konzentriert sich alles in Siena auf den Campo, auf den fächerartigen Platz im Herzen der Stadt, dort, wo der Palazzo der Stadtregierung mit seinem mächtigen Glockenturm steht. Jährlich am 2. Juli, zum Fest der Madonna di Provenzano, und am 16. August, zum Fest der Madonna Assunta, treten Pferde und Reiter beim berühmten Palio gegeneinander an.

Kurz, aber intensiv

Das Pferderennen um den Platz herum dauert nur wenige Minuten. 17 Stadtteile, die es seit dem Mittelalter gibt, die sogenannten Contraden, treten mit jeweils einem Pferd und einem Reiter gegeneinander an. Der Sieger wird von den Bewohnern seiner Contrade wie ein Held gefeiert, und in dem siegreichen Stadtteil wird nach dem Palio bis tief in die Nacht gefeiert.

Tausende von Menschen kommen jedes Jahr zum Palio nach Siena. Immer wieder protestieren Tierschützer gegen den Umstand, dass die Pferde während dieser Rennen von ihren Reitern teils recht brutal angetrieben werden. Aber es ist nichts zu machen: Gegen diese uralte Sieneser Traditionen kommen sie nicht an.

Der Palio ist der wichtigste Event in Siena überhaupt. In der Regel stehen Touristen in der sommerlichen Hitze dicht gedrängt an den Rändern des Platzes, um das kurze, aber intensive »spettacolo« mitzuerleben. Wer Glück hat, kann es von den Fenstern eines Hotels oder einer Privatwohnung aus angenehmer Höhe von oben beobachten.

Traditionsreiches Spektakel

Der Palio von Siena ist seit dem 12. Jahrhundert dokumentiert. Er entstand in einer Epoche, als die Stadt noch politisch autonom war und mit ihrem Reichtum und ihrer Kultur Florenz Konkurrenz machte. Das Rennen galt als sportlicher Wettkampf, um die Kampfbereitschaft der Sieneser Männer anzufachen, die immer wieder in Auseinandersetzungen mit den Florentinern ziehen mussten.

Mit dem Ende der politischen Autonomie Sienas 1559 – fortan gehörte die Stadt zum Medici-Staat – wurde der Palio zum wichtigen Volksfest der Stadt. Bis ins 18. Jahrhundert hinein existierte nur ein einziger Palio. Im selben Jahrhundert wurden auch die noch heute gültigen Regeln des Pferderennens der Contraden beschlossen. Kurios in diesem Zusammenhang: Es war Violante Beatrice von Bayern, die 1729 die genauen Grenzen der einzelnen Stadtviertel festlegte. Die bayerische Aristokratin war die vierte Gattin von Ferdinando de' Medici und gleichzeitig Gouverneurin von Siena.

Anfang des 20. Jahrhunderts wurde entschieden, dass die Reiter fortan nur noch Gewänder im Stil der Renaissance zu tragen haben – sehr zur Freude aller Touristen, die bis heute zum Palio nach Siena strömen.

INFO

FÜRSTLICHER HOTELPRUNK

Siena bietet zahlreiche Paläste, aber nur in einem (besonders prunkvollen) kann man als Reisender übernachten: Das Grand Hotel Continental in der zentralen Via Banchi di Sopra ist ein echter Palazzo, errichtet 1501 und später prächtig umgebaut. Es war Papst Alexander VII. aus der Sieneser Bankiersfamilie Chigi, der verantwortlich ist für das heutige Aussehen des Palastes mit seinen ganz mit Freskenmalereien ausgeschmückten und mit antiquarischen Möbeln eingerichteten Sälen. 51 Zimmer und Suiten bieten jeglichen Komfort in wahrhaft fürstlichem Ambiente. Nichts für jeden Geldbeutel, aber um die Innenräume zu bestaunen, kann man auch auf einen Kaffee oder Aperitif vorbeischauen.

WEITERE INFORMATIONEN

www.ilpalio.org
Grand Hotel Continental: https://collezione.starhotels.com

↖ Der spannende Palio ist gefährlich für Reiter und Ross.
↑ Vor dem Palio ziehen historische Umzüge durch Sienas Altstadt.

22

DIE REGATA STORICA IN VENEDIG

BOOTSSPEKTAKEL MIT RUHMREICHER VERGANGENHEIT

Venedig war einst eine stolze Seemacht. An diese glorreiche Vergangenheit erinnert heute noch die Regata Storica, bei der alte und auf alt getrimmte Boote über den Canal Grande fahren. Ein historisches Volksfest, bei dem sich fast alles auf dem Wasser abspielt.

Einst beherrschte Venedig den Handel im gesamten östlichen Mittelmeerraum. Die Kriegsschiffe der Seerepublik kämpften siegreich gegen die Osmanen, und die Dogen regierten nicht nur über ihre auf Millionen von Baumstämmen errichtete prächtige Lagunenstadt, sondern auch über viele eroberte Häfen und Handelsniederlassungen im gesamten Mittelmeerraum.

Das Arsenale, die Schiffswerft in Venedig, war schon im Mittelalter sehr modern, wurde hier doch eine Art Fließbandarbeit zur schnellen Produktion von Handels- und Kriegsschiffen entwickelt. Einmal im Jahr vermählten sich die Dogen symbolisch mit dem Wasser. Dann fuhren die Herrscher der Seerepublik auf dem Bucintoro, einem sehr prunkvoll verzierten Schiff, in die Lagune und warfen einen kostbaren Ring ins Wasser.

Festzug auf dem Wasser

Diesen Bucintoro gibt es heute nicht mehr, nur ein Modell davon steht im venezianischen Marinemuseum. Aber an die Zeit der von Sklaven angetriebenen Galeeren erinnert die Regata Storica, die jedes Jahr am ersten Sonntag im September stattfindet. An diesem Tag fahren Hunderte von Booten verschiedenster Größe über den Canal Grande, die Hauptwasserstraße Venedigs, und ganz Venedig ist an diesem Festtag auf den Beinen. Ebenso wie viele Touristen.

Die Regatta beginnt mit der in historischen Kostümen und Booten nachgestellten triumphalen Ankunft von Caterina Cornaro, der Königin von Zypern, im Jahr 1489 in Venedig. Dieser Festzug auf dem Wasser besteht aus Dutzenden von Ruderbooten im historischen Stil.

Es folgen verschiedene andere Regatten. Dabei handelt es sich um Wettkämpfe der schnellsten Bootsruderer, wobei verschiedene Altersgruppen und unterschiedliche Ruderboottypen gegeneinander antreten. Die einzelnen Konkurrenten unterscheiden sich in zehn Farbtönen. An diesen Rennen nehmen auch Gondolieri teil – wenn einer von ihnen fünfmal hintereinander bei den Regatten gewinnt, darf er sich »re dei remi«, König der Ruderer, nennen.

Der Raub der Venezianerinnen

Die Regata Storica ist keine Erfindung von Tourismusmanagern – zum ersten Mal ist in Venedigs Dokumenten im Jahr 1274 von einer Regatta die Rede. Einige Stadthistoriker verweisen auf eine noch frühere Regatta bereits im 10. Jahrhundert: Es wurde der legendäre antike Raub der Sabinerinnen als Volksfest nachgestellt, und als Piraten verkleidete Venezianer entführten dabei junge Venezianerinnen. Gefolgt wurden sie von anderen Männern, die mit Ruderbooten den Piraten und ihren Frauen nachstellten. Eine Story, an die man sich heute mit kuriosem Vergnügen erinnert.

INFO

LOGENPLATZ AM KANAL

Für einen privilegierten Platz, um die Regata Storica hautnah zu erleben, muss man keine Wohnung oder ein Hotelzimmer direkt am Canal Grande mieten (was auch nicht gerade preiswert wäre) – es reicht, rechtzeitig einen Tisch an einem der Cafés am Canal Grande zu buchen, wie etwa im sehr reizvollen Terrassen-Café des eleganten Hotels Monaco & Grand Canal nicht weit vom Markusplatz entfernt. Direkt gegenüber der Café-Terrasse erhebt sich die barocke Salute-Kirche, dazu gibt's weiße Leinentischdecken, ganz in Weiß gekleidete Kellner und einen unverstellten Blick auf die vorbeifahrenden Boote.

WEITERE INFORMATIONEN

www.regatastoricavenezia.it (auch in Englisch)
www.hotelmonaco.it

← **Prachtboot auf dem Canal Grande vor Beginn der Bootsrennen.**
↑ **Reste des beeindruckenden Bucintoro im venezianischen Schiffsmuseum.**

23

FESTIVAL DELLA VALLE D'ITRIA

MARTINA FRANCA – APULISCHE MUSIKPERLE

Weiße Häuser und Kirchen und so gut wie autofrei: Martina Franca im süditalienischen Apulien wirkt wie eine Theaterkulisse und ist Austragungsort eines der schönsten italienischen Sommerfestivals.

Besucher betreten Martina Franca durch ein barockes Stadttor mit der Skulptur des Heiligen Martin von Tour. Der Hügel, auf dem sich das historische Zentrum erhebt, heißt ebenfalls San Martino. Martina Franca ist eine Perle im an schönen Ortschaften reichen Apulien. Sämtliche Gebäude sind weiß gestrichen, und die engen Gassen reihen sich um verschiedene Plätze mit Kirchen, Klöstern und Palästen, die allesamt im üppig dekorierten Stil des Rokokos herausgeputzt sind – ein sehr schmuckes Centro Storico mit Lokalen und Cafès – und die perfekte Kulisse für ein Musikfestival, das in jedem Sommer viele Gäste anlockt.

Musiziert wird in Kirchen und in Masserie – großen historischen Farmhäusern in der Umgebung – und vor allem im Palazzo Ducale, dem herzoglichen Palast, der über einen großen Innenhof verfügt, der einigen Hundert Personen, einer Bühne und einem Orchester Platz bietet. Sommers ist das Wetter hervorragend, weil es abends angenehm frisch wird, und die Akustik eignet sich ausgezeichnet für Opern.

Opern-Highlights in der süditalienischen Provinz

Das Festival della Valle d'Itria (nach dem Tal, in dem Martina Franca und die vielen Trullis liegen) entstand 1975. Eine Gruppe von Musikbegeisterten hatte diese verrückte Idee, denn anfangs dachten viele: Wer kommt schon zu einem Opernfestival nach Martina Franca? Doch das neue Festival wurde ein voller Erfolg. Aufgeführt werden vor allem Opern, die man entweder gar nicht mehr oder nur sehr selten zu sehen und zu hören bekommt. Musikalische Leckerbissen, die zu Unrecht der Vergessenheit anheimgefallen sind.

Ein weiterer Programmschwerpunkt des Festivals ist seit seiner Gründung die Scuola musicale napoletana. Die neapolitanische Musikschule des 17. und 18. Jahrhunderts, zu der auch viele Komponisten aus Apulien gehören, war einst sehr berühmt. Dann aber geriet sie etwas in Vergessenheit, doch in Martina Franca werden immer wieder die einstigen Hits dieser musikalischen Gattung aufgeführt.

Unbekannte Opern wiederentdecken

Besonders reizvoll sind die unbekannten Opernperlen, die man bei diesem Sommerfestival zu hören bekommt. Wer kennt schon den »Polykrates« von Erich Wolfgang Korngold? Oder Händels berühmte Oper »Rinaldo« in der Bearbeitung von Leonardo Leo für die neapolitanische Schule des 18. Jahrhunderts?

Nicht wenige der Opern, die im Innenhof des Herzogpalasts erneut präsentiert werden und großen Erfolg haben, gelangen später auch an Europas Opernhäuser zur Wiederaufführung. Seit 2022 ist der deutsche Theatermacher Sebastian Schwarz musikalischer Direktor des Festivals. Auch dieser ausgewiesene Opernkenner will viele wenig bekannte Opern bieten und, wenn möglich, auch noch mehr deutsche Sommergäste zu seinen Aufführungen anlocken.

INFO

KLASSISCH GUTBÜRGERLICH
Es gibt sicher luxuriösere Hotels in der Umgebung von Martina Franca. Aber das Park Hotel San Michele bietet einen Charme, der so selbst in Italien nur noch selten zu finden ist. Die Zimmer sind fast alle zweckmäßig eingerichtet, dienen aber sommers ja nur zum Schlafen. Das Frühstück, das Mittagessen und abends den Aperitif kann man unter einer schönen Pergola einnehmen, die von subtropischen Pflanzen eingerahmt ist. Direkt daneben liegt der ausgedehnte Garten, mit Schatten spendenden Bäumen, einem Pool und vielen Sitzgelegenheiten, wo man sich zum Lesen und Plaudern zurückziehen kann. Ein Hotel, ideal zum Abhängen vor und nach dem Festival und nur 5 Fußminuten von der Altstadt entfernt.

WEITERE INFORMATIONEN
www.festivaldellavalleditria.it
www.parkhotelsanmichele.it

↖ Piazza Maria Immacolata: Wo man sich rund um die Uhr trifft.
↑ Die typischen Trullis im Umland von Martina Franca.

24

ROSSINI OPERA FESTIVAL IN PESARO

MIT WITZ, ESPRIT UND OHRWÜRMERN

Ein Sommerfestival mit der Musik nur eines einzigen Musikers: Jedes Jahr werden die Opern von Gioacchino Rossini in Pesaro immer wieder neu aufgeführt, mit Gesangsstars und tollen Inszenierungen. Eine Veranstaltungsreihe, die Opernfreunde aus aller Welt anzieht.

Geboren wurde er als Gioacchino Antonio Rossini, die Opernwelt kennt ihn aber nur als Giacchino Rossini. 1792 wurde er in der mittelitalienischen Kleinstadt Pesaro geboren. Karriere machte der Komponist dann in den Musikmetropolen seiner Zeit: in Rom, Mailand und Paris. 1868 starb der Italiener in Frankreich.

Rossinis berühmte Opern »La Cenerentola«, »Il Turco in Italia« oder »Il Barbiere di Sevilla« sind weltberühmt und werden regelmäßig in immer neuen Inszenierungen aufgeführt. Sein an Mozart erinnernder Musikstil fasziniert auch heute noch das Publikum. Die von ihm dargestellten Personen seiner Opern sind sehr oft ungemein witzig, und die Melodien der Arien werden zu Ohrwürmern.

Einst vergessen, heute weltberühmt

In der ersten Hälfte des 19. Jahrhunderts war Rossini *der* Star am europäischen Opernhimmel. Dann aber geriet er leider aus dem Blickfeld des Musikgeschmacks. Erst ab den 1940er-Jahren wurden Rossinis Werke wiederentdeckt, und heute ist sein musikalisches Schaffen aus den Opernhäusern nicht mehr wegzudenken.

Um an den berühmtesten Sohn der Stadt zu erinnern, entstand 1980 das R.O.F., das Rossini Opera Festival, das jährlich im August stattfindet. Pesaro wird damit auch »kleines Bayreuth am Adriatischen Meer« genannt, denn es werden nur, wie im bayerischen Bayreuth, die Opern eines einzigen Komponisten aufgeführt.

Verpflichtet werden erfolgversprechende Nachwuchssänger, berühmte Opernstars und Regisseure, die versuchen, die Opern Rossinis neu zu interpretieren. Das mag gefallen oder nicht. Fakt ist, dass die musikalische Qualität der sommerlichen Opernaufführungen zum Besten gehört, was man in Italien hören kann.

Besondere Aufmerksamkeit finden vor allem die Neuinszenierungen von eher weniger bekannten Rossini-Opern, wie etwa »Maometto secondo«, »Adina« oder auch »Torvaldo e Dorliska«. Musikfreunde reisen von weither an, um diese wiederentdeckten Werke Rossinis zum ersten Mal auf der Bühne zu erleben.

Geheimtipp der Marken

Vor und nach den Aufführungen kann man Pesaro genießen. Die zweitgrößte Stadt der Region Marken ist immer noch ein Geheimtipp, denn Italien-Reisende lassen Pesaro in der Regel links liegen. Zu Unrecht, denn zu besichtigen gibt es viel: wie etwa die romanische Kathedrale Santa Maria Assunta oder die mit einem herrlichen gotischen Portal versehene Chiesa di Sant'Agostino. Im historischen Stadtzentrum befinden sich zahlreiche Paläste, z. B. der Herzogspalast aus dem 16. Jahrhundert. Besucht werden kann auch das Geburtshaus von Rossini, nur wenige Meter vom Palazzo Ducale entfernt, oder die Villa Imperiale, deren Prachtsäle mit barocken Fresken ausgeschmückt sind. Eindrucksvoll ist auch die Rocca Costanza, eine mächtige Wehranlage aus dem 15. Jahrhundert.

INFO

PARCO REGIONALE DEL MONTE SAN BARTOLO

Zwischen Pesaro und dem Teutonengrill Riccione liegt direkt am Meer der Parco Regionale del Monte San Bartolo: 1600 ha mit steil zum Meer abfallenden Felsen, die dicht bewachsen sind mit Bäumen und Büschen, mit einsamen Stränden und Buchten, mit Wanderwegen und wilder Natur, die auch in der Hochsaison nie überlaufen sind. Die Strände sind größtenteils nur zu Fuß zu erreichen, und der Blick von den Hügeln auf die malerische Küste ist umwerfend. Zusammen mit den kleinen malerischen Ortschaften dazwischen für Italien-Reisende ein echter Geheimtipp!

WEITERE INFORMATIONEN

www.rossinioperafestival.it
www.parcosanbartolo.it

← Das Teatro Rossini: eine der besten Opernbühnen Italiens.
↑ Eine der vielen Skulpturen des Maestro in Pesaro.

25

UNBEKANNTES MOLISE

BERGMASSIVE, GRÜNE TÄLER UND TIEFBLAUE SEEN

Es gibt sie noch, die Region Italiens, die entdeckt werden will und die noch nicht ein Opfer des Massentourismus geworden ist. Eine Region mit wilder Natur, die vor allem im Sommer zum Wandern einlädt.

Einsam gelegene Ortschaften, die wie aus Gemälden des 18. und 19. Jahrhunderts wirken, Bäche und Wasserfälle, unberührte Natur ohne Ende und fantastische regionale Leckereien: Molise ist unbestritten eine der unbekanntesten Regionen Italiens.

4438 Quadratkilometer groß, ist die Region mit nur 64 Einwohnern pro Quadratkilometer eher wenig bewohnt. Die Monti della Mela erheben sich auf fast 2300 Meter Höhe, und nur wenig flaches Land steht für intensive Landwirtschaft zur Verfügung, weshalb die Region schon immer arm war und auch noch ist. Es gibt auch keine berühmten Kulturstädte wie in Latium oder Kampanien. Und der Umstand, dass Molise unter den neapolitanischen Bourbonen vernachlässigt wurde (wie auch später im geeinten Italien), führte dazu, dass die Region noch heute wirtschaftlich und sozial zu den benachteiligtsten Italiens gehört.

Ursprüngliches Italien

Das führte auch dazu, dass viele historische Ortschaften nicht mit modernen Wohngebäuden oder Fabriken zugebaut wurden. Die Dörfer wirken deshalb oft wie aus einem Bilderbuch vergangener Zeiten. Und von diesem Charme profitieren immer mehr Einheimische, indem sie mit den weltabgeschiedenen Reizen ihrer Region werben und alte Gebäude zu Pensionen und B&Bs umbauen, ohne dass dies bisher zum Massentourismus geführt hätte.

Bei der Besichtigung der historischen Ortskerne von Campobasso, Isernia und Termoli werden Reisende noch wie ganz besondere Gäste empfangen. Anstatt in modernen und gesichtslosen Hotels unterzukommen, gibt es viele historische Bauernhöfe und Palazzi, in denen man mit allem Komfort bewirtet wird.

Molise ist auch ein Wanderparadies, denn hier findet man sie noch zuhauf: die Wanderwege, auf denen man garantiert allein unterwegs ist. Auch im Sommer, wenn es im Molise zwar heiß wird, aber immer erträglich bleibt, denn der Großteil der molisanischen Landmasse liegt auf etwa 600 Metern Höhe.

Wandern in großer Einsamkeit

Die gut ausgeschilderten Wanderwege im Naturschutzgebiet Collemeluccio-Montedimezzo (seit 2014 Biosphärenreservat der UNESCO), der Canyon des Flusses Quirino, der Wasserfall San Nicola, die Grotten Pozzo della Neve und auch der molisanische Teil des Nationalparks der Abruzzen locken Neugierige genauso wie einsam gelegene Dörfer und eine deftige Bauernküche, berühmt für regionale Käse-, Wurst- und Fleischspezialitäten. Auch die Küche an der molisanischen Küste (die nicht besonders lang ist) besticht mit gastronomischen Besonderheiten wie dem »Brodetto di Termoli«, einer Fischsuppe aus acht verschiedenen Meerestieren.

INFO

DIE PROVINZIELLE

Termoli ist eine sehr reizvolle Hafenstadt des Molise mit knapp 32 000 Einwohnern. Die mauerbewehrte Altstadt direkt an der Adria lockt zum Bummeln und Verweilen. In der seit der Vorgeschichte bewohnten und von den Römern ausgebauten Kleinstadt gibt es einiges zu sehen, z. B. eine Stauferburg und Wehrtürme, Kirchen aus der Renaissance und dem Barock, einen prächtigen Bischofspalast und eine eindrucksvolle romanische Kathedrale aus dem 9. Jh., errichtet auf dem höchsten Punkt der Landzunge Termolis am Meer. Direkt bei der Altstadt lockt ein großer, breiter Strand zum Baden und Sonnen.

WEITERE INFORMATIONEN

www.visitmolise.eu (in Deutsch)
www.termolituristica.com

↖ Typisch für das Molise: grün bewachsene sanfte Hügel und steile Felsen.
↑ Kuriose Holzkonstruktionen an der Küste für Fischer.

Neogotische Basilica minore dell'Addolorata in Castelpetroso in Molise.

26

DIE ZEDERN VON KALABRIEN

VON HEILIGEN FRÜCHTEN UND PERFEKTEN RAUTEN

Im August reisen viele Rabbiner in die süditalienische Region Kalabrien. Die frommen schwarz gekleideten Männer mit den langen Bärten kommen aus Europa, aus Israel, den USA und Lateinamerika – und sie sind alle auf der Suche nach den perfekten Zedernfrüchten.

Aus dem Hebräischen übersetzt bedeutet »peri 'etz hadar« wörtlich »die Frucht des schönsten Baumes«. Es war Gott, der Moses auf die Zeder verwies, die für das traditionelle Laubhüttenfest (Sukoth) verwendet werden sollte. Und nach der jüdischen Orthodoxie war es auch der Zedern- und nicht der Apfelbaum, mittels dem Adam und Eva in Versuchung geführt und ihre Vertreibung aus dem Garten Eden verursacht wurde. Seine Geschichte umfasst Jahrhunderte, vermischt sakrale Elemente mit kulturellen Traditionen, die mit dem Göttlichen verbunden sind.

Rabbiner auf Zedernsuche

Der Anbau von Zedern hat in Italien eine uralte Tradition. Nachweislich existiert dieser Baum in Süditalien seit über 2000 Jahren. Die besten Früchte dieses Baums werden, so heißt es, in Kalabrien an der sogenannten Riviera dei Cedri angebaut, der Zedern-Riviera, genauer gesagt: in Santa Maria del Cedro, einer Stadt in der Provinz Cosenza. Nur hier, so schwören erfahrene Rabbiner, wachse eine der wertvollsten Sorten der Welt: die glatte Raute. Etwa 98 Prozent der nationalen Produktion dieser außergewöhnlichen Frucht werden hier angebaut, was diese damit zu einem wesentlichen Bestandteil der lokalen Wirtschaft macht.

Aus diesem Grund treffen sich jeden Sommer Gruppen von Rabbinern an der Zedern-Riviera im oberen tyrrhenischen Gebiet von Cosenza und warten in aller Stille auf die Reifung der »heiligen Frucht«, um anschließend ein traditionelles Fest zum Gedenken an die Laubhütten zu feiern, die die Juden auf ihrer Reise ins Gelobte Land errichtet hatten.

Gegen Ende August werden dann die Diamantzedern nach sorgfältiger Auswahl, hermetisch in Kisten verschlossen und geschützt durch weichen Schaumgummi, auf eine Reise durch den ganzen Kontinent geschickt.

Außergewöhnliche Handelsware

Dieser Handel ist dokumentarisch seit dem 12. Jahrhundert belegt. Die enge Beziehung zwischen den Zedern, dem Judentum und der Region Kalabrien wurde nie unterbrochen und lebt von dem engen Dialog mit den Erzeugern, der für die Wirtschaft, den Tourismus, aber vor allem für die Identität des Ortes von grundlegender Bedeutung ist.

→ Nicht nur Zedern: Zitronen- und andere Liköre in einer Enoteca.

Crema di melone

Die Wahl Kalabriens hängt nicht nur mit der Perfektion der Zedernfrüchte und dem milden Klima zusammen, sondern auch mit den kulturellen Traditionen und der großen Gastfreundschaft der Kalabresen. Um die Zedern-Wirtschaft zu erhalten und dem Anbau eine Zukunft zu geben, gründete man 1999 das Konsortium für die Zedern Kalabriens, das 2004 durch ein regionales Gesetz anerkannt wurde. Dadurch wurden Warenspekulationen eingedämmt, und man betrieb auch eine Diversifizierung des Produkts, u. a. mit der Herstellung von kandierten Früchten, Konfitüren, Likören, Ölen und Kosmetika. Auf diese Weise entstanden kleine Unternehmen: Die Landwirte legten wieder Zedernwälder an, und viele junge Menschen fanden Zugang zu dieser interessanten Tätigkeit.

Ideales Klima an der Zedern-Riviera

Die Zedern-Riviera erstreckt sich entlang der tyrrhenischen Küste zwischen Paola und Tortora. Unter den Gemeinden der Riviera zeichnen sich Santa Maria del Cedro, Scalea, Orsomarso, Santa Domenica, Talao, Buonvicino und Belvedere Marittimo durch ihre Zedernproduktion aus. Dank des besonderen Mikroklimas, das durch das Zusammentreffen von warmen Meeres- und kalten Gebirgsströmungen entsteht, bietet sich hier eine ideale Umgebung für den Anbau der wunderbaren Frucht. Die Zusammensetzung des Bodens ist perfekt, denn er besteht aus kalkhaltigem Ton, Sand und Humus, der reich an Stickstoff und Kalium ist.

Die Perfektion wird jedoch nur durch die fachkundigen und aufmerksamen Hände der Zedernbauern erreicht, die seit Generationen die Liebe und Leidenschaft für diese wertvolle Zitrusfrucht weitergeben. Da sie eine sehr empfindliche Pflanze ist, die keine plötzlichen Temperaturschwankungen verträgt, ist es wichtig, dass jeder Arbeitsschritt sorgfältig und mit Bedacht ausgeführt wird.

Die Aufwertung der mit der Zeder verbundenen Kultur zeigt sich auch in der Einrichtung des Zedernmuseums, das vom Konsortium gegründet wurde, um die Geschichte der Frucht und ihre historischen, archäologischen und künstlerischen Verbindungen zu vermitteln. In Kürze soll auch eine »Zedernroute« eröffnet werden, eine agrarmystisch-sensorische Route, die dank der Zusammenarbeit von Köchen und Barkeepern vielen die Möglichkeit bietet, eine der wertvollsten Früchte Kalabriens zu verkosten.

Vom Meer ins Gebirge

Das Gebiet der Zedern-Riviera umfasst 22 Gemeinden, von denen sich 15 entlang der Küste erstrecken. Hier locken einige eindrucksvolle Landschaften zur Erkundung, wie z. B. das herrliche Arco Magno bei San Nicola Arcella. Doch geht es an der Zedern-Riviera nicht nur um das Meeres-Feeling: Nur wenige Kilometer von der Küste entfernt liegen die Hänge des Orsomarso-Gebirges, das zahlreiche schöne Wanderungen ermöglicht. Diese Riviera hat eben neben der Zeder noch vieles mehr zu bieten: unberührte Natur und traditionsreiche Orte für einen wunderbar erlebnisreichen Urlaub.

↖ Professioneller Zedernanbau an der gesamten Küste.
← Kurioser Zitronenladen in Sorrent.
↗ Nur wenig touristisch: die gesamte und ungemein abwechslungsreiche Küste.

INFO

LAKRITZPARADIES UND BÜCHERSCHATZ

Zwei Autostunden durch die Berge des südlichen Kalabriens, und man gelangt nach Rossano und zur Firma Amarelli, seit jeher im Besitz der gleichnamigen Familie. Hier wird seit 1731 eine weltberühmte Spezialität produziert: Lakritz. Die historische Fabrik mit Showroom und Museum kann man besichtigen und dabei zuschauen, wie aus der Wurzel die begehrte Leckerei wird. Neben allen nur denkbaren Formen von Lakritz werden auch Liköre, Shampoos und Schokolade produziert. Rossano birgt aber auch noch einen anderen Schatz, einen kirchengeschichtlichen: Im Diözesanmuseum von Rossano wird der *Codex purpureus Rossanensis* aufbewahrt – 188 von einst 400 Pergamentblättern, die Mönche im 7. Jh. auf der Flucht vor den Arabern in Kalabrien in Sicherheit brachten. Viele der Blätter sind bemalt, vor allem in der in früheren Jahrhunderten kostbaren Farbe Purpurrot.

WEITERE INFORMATIONEN

www.inrivieradeicedri.it
www.amarelli.it
www.museocodexrossano.it

27

GLÜCKSELIGES MONTE ARGENTARIO

EINSAMKEIT AUCH IN DER HOCHSAISON

Obwohl bei Italienern sehr begehrt, ist die Halbinsel Monte Argentario bei Toskana-Reisenden immer noch ein Geheimtipp. Die meisten wissen ja zum Glück gar nicht, was ihnen dort entgeht.

Die Luft am Argentario ist ausgezeichnet, das Wasser glasklar, die Strände sind traumhaft und die Orte verführerisch. Und wenn es zu heiß wird, kann man mit dem Wagen oder zu Fuß den Gipfel Punta Telegrafo erklimmen: Auf 635 Metern Höhe ist es fast immer frisch und kühl.

Die Halbinsel trägt den Namen des Berges Argentario. Die Ersten, die sich hier niederließen, waren, wie kann es anders sein, die umtriebigen Etrusker. Auf sie folgten die Römer. Wildromantisch und gefährlich wurde es auf dem Monte Argentario im Mittelalter. Die römische Straße Via Aurelia, die an der Halbinsel vorbeiführt und die jahrhundertelang für Verkehr, Wachstum und Handel sorgte, wurde nach dem Zusammenbruch des Römischen Reichs nur noch selten genutzt. Und die nahe Maremma verwandelte sich ohne die beständige Pflege der Römer in ein ungesundes Sumpfgebiet, in dem sich kriminelle Banden niederließen.

Postkartenschönheiten am blauen Meer

Obwohl römische Adelsfamilien, spanische Eroberer und toskanische Habsburger die Halbinsel für sich beanspruchten, blieb das gesamte Gebiet wirtschaftlich unterentwickelt und zog nicht viele Bewohner an.

Im Zweiten Weltkrieg richteten die deutschen Besatzer Mittel- und Norditaliens hier eine wichtige Militärbasis ein. Kein Wunder also, dass der Monte Argentario durch alliierte Flieger heftig bombardiert wurde. Dieser Bombenhagel war so stark, dass die bewohnten Gebiete der Halbinsel zu den am zweitstärksten zerstörten ganz Italiens während des Zweiten Weltkriegs gehörten.

Tempi passati, vergangene Zeiten, wie die Italiener sagen. Heute präsentieren sich Porto Santo Stefano und die gesamte Halbinsel wieder in ihrer ganzen Schönheit. Porto Ercole und Porto Santo Stefano wirken wie Postkartenschönheiten mit ihren herausgeputzten Häusern, eleganten Hotels, Yachthäfen und einladenden Straßen, den Plätzen und Lokalen.

Kilometerlange Sandstrände

Die Halbinsel ist über drei Landzungen zu erreichen: von Norden entlang der Sandstrände, in der Mitte durch die malerische Ortschaft Orbetello, die an zwei Seiten von einer Lagune umgeben ist, und im Süden über eine naturgeschützte Landzunge ohne viel befahrene Straßen mit kleinen Ortschaften, viel Macchia und kilometerlangen Sandstränden – einfach nur traumhaft schön! Es gibt nur eine einzige Panoramastraße am Monte Argentario – diese ist allerdings an manchen Stellen sehr schmal und erfordert fahrtechnisches Fingerspitzengefühl.

INFO

ZWISCHEN BERGEN UND LAGUNEN

Die Halbinsel Monte Argentario ist ein Wanderparadies. Ein strandreicher Wanderweg (29 km hin und zurück), für die man eine gute Kondition haben sollte, führt durch die Lagune von Orbetello – ein Rundweg durch Naturschutzgebiete direkt am Meer. Nur 2 km lang und für jeden leicht begehbar ist der Wanderweg, der von Porto Santo Stefano über einen romantischen Pfad in eine malerische Bucht mit glasklarem Wasser führt; dort kann man auch zum Wasser hinuntersteigen und schwimmen gehen, doch der Ab- und Aufstieg sind mit Vorsicht und nur mit festem Schuhwerk zu genießen.

WEITERE INFORMATIONEN

www.prolocomonteargentario.it
www.argentario.it (auch in Englisch)
Infos zu Wanderwegen auf der Halbinsel: www.komoot.de

← Schick und zauberhaft: Porto Santo Stefano am Argentario.
↑ Eine der versteckten Badebuchten bei der Halbinsel Argentario.

28

REBEN UND HEISSE QUELLEN – PANTELLERIA

INSEL DER SCHÖNEN UND REICHEN

Keine Berge, keine Wälder und fast keine Sandstrände – und doch ist diese Insel Süditaliens das Mekka von Reisenden, die, um den ganz besonderes Reiz Pantellerias zu genießen, fast jedes Jahr wiederkommen.

Gute Freunde kommen alljährlich hierher und mieten sich den immer gleichen Dammuso, wie die traditionellen Wohnhäuser Pantellerias heißen. In der sizilianischen Sprache bedeutet das so viel wie Gewölbedach, im Dialekt der Insel wird diese Dachform »dammusu« genannt. Die Kuppelform der Dächer ermöglicht es, dass das seltene Regenwasser in Zisternen gesammelt wird, was sehr wichtig ist in den langen und trockenen Sommern Pantellerias.

Auf der Insel lassen sich viele Dammusi mieten. Fast immer sind sie von subtropischen Gärten umgeben und verfügen über einen Pool. Der ist im Sommer hier unerlässlich, auch deshalb, weil die von Lavagestein geformte Insel über so gut wie keine Sandstrände verfügt. Ins türkisfarbene und klare Meerwasser steigt man über oft spitze Felsen – Schwimmsandalen sind deshalb unerlässlich, um sich nicht zu verletzen.

Von der Bronzezeit bis zu Giorgio Armani

Aber auch ohne Strände lockt Pantelleria. Die nur knapp 84 Quadratkilometer große Insel, auf der ohne die Touristen nur rund 7300 Menschen fest leben, ist »in«. VIPs wie der Mailänder Modeschöpfer Giorgio Armani und Stars aus Kino und Fernsehen besitzen prächtige Villen auf Insel, aus alten oder im traditionellen Stil errichtete Dammusi. Armani ließ sich bei seiner Villa direkt am Meer sogar einen kleinen Palmenwald anlegen, eine Baumart, die hier eigentlich nicht wächst.

Seit der Bronzezeit leben auf Pantelleria Menschen. Viele historische Bauten sind allerdings nicht erhalten geblieben, denn viele wurden während alliierter Bombardements Ende des Zweiten Weltkriegs zerstört. Eine Ausnahme ist das Castello Barbacane aus der Renaissance, das auf eine byzantinische Festungsanlage aus dem 7. Jahrhundert zurückgeht.

Inselweine

Pantelleria war wie Sizilien im Mittelalter fast zwei Jahrhunderte lang arabisch. Und wahrscheinlich kamen mit den Arabern auch bestimmte landwirtschaftliche Methoden, die bis heute vor allem zum Anbau von Weinreben genutzt werden. Um die nächtliche Luftfeuchtigkeit auf der regenarmen Insel einzufangen, werden die Reben von kleinen Mauern umgeben. Diese sorgen dafür, dass die Luftfeuchtigkeit das Erdreich nässt und die Reben vor den ständigen Winden geschützt werden. Die Weine, die man aus den hier angebauten Rebsorten keltert, gehören zu den Besten in Südtitalien. Berühmt sind die Dessertweine wie der Moscato und der Passito di Pantelleria, gewonnen aus lokalen Trauben wie der Zibibbo-Traube. Auch die geschmacklich intensiven Kapern der Inseln sind begehrt.

INFO

SCHLAMMSCHLACHT

Er heißt Lago di Venere (See der Venus) und sieht mit seinen verschiedenen Blautönen zauberhaft aus. Hierher kommt man aber nicht zum Schwimmen, sondern um sich im Schlamm zu wälzen. Der See speist sich aus drei Thermalquellen mit Temperaturen um die 36 °C. Das südliche Seeufer zeichnet sich durch Thermalschlamm aus, der reich an Sodium, Potassium und Sulfat ist. In der Nähe wurden die Reste eines Tempels aus der Antike gefunden, ein Zeichen dafür, dass hier auch schon die alten Römer kurten. Bei den Inselbewohnern ist das wohltuende Schlammbad beliebt, soll es doch gegen verschiedene Formen von Hautkrankheiten helfen.

WEITERE INFORMATIONEN

www.pantelleria.sicilia.it

↖ Typische Dammusi, die zu komfortablen Ferienhäusern umgebaut wurden.
↑ Gut für die Haut: Schlammbad im Lago di Venere.

29

SCHROFF UND EINSAM – PALMAROLA

DIE GARANTIERT UNGEWÖHNLICHSTE INSEL ITALIENS

Eine fast unbewohnte Insel mit schroffen Felsen und einsamen Sandstränden und keinem einzigen einem Fährschiff, sondern nur mit einem Taxiboot von Ponza aus zu erreichen – ein Traum von einer Insel!

Italiens Inseln sind zwar bildschön, aber bei gutem Wetter in der Regel überlaufen. Auf der gerade mal 1,36 Quadratkilometer großen Insel Palmarola, der drittgrößten Insel des italienischen Archipels der Pontinischen Inseln, kann einem das garantiert nicht passieren.

Südseetraum im Mittelmeer

Fragt man Italiener nach Palmarola, beginnen sie zu schwärmen: Von der Einsamkeit der Insel, von den Sonnenuntergängen, von der unverbauten Natur, von den einsamen Buchten ... Schön wie eine Südseeinsel sei sie, heißt es immer wieder. Und all das ist in keiner Weise übertrieben.

Auf Palmarola kann man wahrlich komplett entspannen. Der Insel-Naturschutzpark bietet Möglichkeiten für ausgedehnte Spaziergänge, ohne andere Menschen zu treffen. Tauchgänge direkt vor der Küste zeigen eine einmalige Fauna und Flora, und mit einem Boot erreicht man kleine Sandstrände, wo man garantiert ganz allein ist.

Palmarola ist eine Vulkaninsel, die vor etwa vier Millionen Jahren durch Lavaausbrüche entstand. Hier gibt es schroffe Felsen und Berge (der höchste ist 220 m hoch), Täler, Sandstrände, Schluchten und Grotten an den Küstenabschnitten.

Verbannter Inselpapst

So wild und unwirtlich sich Palmarola auch präsentiert, war die Insel doch schon im Neolithikum bewohnt. Der berühmteste und wohl auch traurigste Bewohner Palmarolas war Papst Silvero (480–537), der 58. Papst der römischen Kirche und der – damals nichts Ungewöhnliches – legitime Sohn von Papst Ormisda. Silvero stellte sich zwischen die politischen Fronten der Goten und der Byzantiner und wurde deshalb ins Exil auf die einsame Insel verbannt. Dort starb der abgesetzte Papst und wurde nach der offiziellen Geschichtsschreibung der Kirche auch begraben. Palmarola ist damit die einzige Insel Italiens mit einem Papstgrab.

Heute ist Palmarola unbewohnt. Oder fast unbewohnt, denn nur im Sommer kommen einige Bewohner hierher, wie etwa eine der Damen aus dem Mode-Clan Fendi, die hier, versteckt gelegen, eine Villa besitzt.

Palmarola-Besucher können im einzigen Inselrestaurant O'Francese mittags und abends speisen. Und auch schlafen: in spartanisch eingerichteten, aber sauberen Gästezimmern, die zu dem bungalowartigen Lokal mit Panoramaterrasse direkt am Strand gehören. Wenn dann die wenigen Tagesgäste mit ihren kleinen Booten wieder nach Ponza abgefahren sind, genießt man fast allein das Abendessen auf der Restaurantsterrasse mit Blick auf Strand und Meer, dazu das Meeresrauschen ... ein Traum von Inselleben!

INFO

EINSAM, ABER SEHR KOMFORTABEL

Auf der zum toskanischen Archipel gehörenden Insel Giglio können sich Italien-Reisende in ein sehr abgelegenes Hotel zurückziehen: »Pardini's Hermitage« ist nur auf dem Landweg zu Fuß – sehr unbequem und bei heißem Wetter eine Qual – oder mit einem Taxiboot vom Haupthafen des Eilands aus zu erreichen. 12 Gästezimmer, ein großer Garten, eine private Badebucht – und das Gemüse kommt aus dem Hotelgarten. Organisiert werden u. a. Bootstouren oder Malkurse. Hier kann man komplett entspannen, ganz ohne Lärm, nur mit den Wellen als Hintergrundmusik.

WEITERE INFORMATIONEN

Inselrestaurant: https://ofrancese.wixsite.com/ofrancese
Pardini's Hermitage: www.hermit.it

← Nur im Hafen einige Häuser auf der ansonsten einsamen Insel Palmarola.
↑ Mittelalterliche Befestigungsanlage auf Giglio gegen Sarazenenangriffe.

30

WO DIE ANTIKEN VIPS FERIEN MACHTEN

EINST DEKADENT UND LASTERHAFT, HEUTE TAUCHVERGNÜGEN

Die gesamte Küste bei Baia, unweit von Neapel, war einst der wichtigste Jetset-Ferienort des Römischen Reichs. Noch heute beeindrucken die Ruinen, von Villen, Thermen, Theatern und Tempeln.

Heute würde kein Mensch, und schon gar kein Reicher oder Superreicher, auf die Idee kommen, in Bacoli Ferien zu machen oder sich eine Ferienvilla zu errichten. Die Küste ist ziemlich zugebaut, vor allem dort, wo der Staat keine archäologischen Parks eingerichtet hat. Und die gibt es hier zum Glück, denn aus dem Römerreich stammen noch viele Bauten und Ruinen, die man sich unbedingt ansehen sollte.

Dekadenter Badeort

Vor rund 2000 Jahren war das damalige *Baiae* einer der gefragtesten Ferienorte im Römischen Reich. Nur die Superreichen konnten sich erlauben, hier Villen zu errichten. Beim Besuch des archäologischen Parks sollte man sich auf Tafeln die Rekonstruktionen dieser einstigen Sommerresidenzen anschauen – sie glichen eigentlich eher Schlössern als Villen. Es waren die alten Griechen, die bei ihren Entdeckungs- und Eroberungstouren in Italien den Hafen von Baiae gründeten bzw. den Hafen der nahen Kleinstadt Cumae (Baiae, so vermuten Sprachforscher, könnte vom Namen *Baios* stammen, so hieß der Seemann des griechischen Sagenhelden Odysseus). Von großem Vorteil für die antike Ferienkultur an diesem Küstenabschnitt waren die Thermalquellen.

← Ferienort heute wie vor 2000 Jahren: der Badeort Baia.

Ort der Laster

Als die Römer in Folge von militärischen Eroberungen und einem nie dagewesenen wirtschaftlichen Aufschwung immer gutsituierter wurden, entdeckten die Superreichen von ihnen die Vorzüge der Küste von Baiae. Und zwar schon in republikanischer Zeit. Berühmte Römer wie Cicero und Caesar ließen sich in Küstennähe stattliche Sommerresidenzen errichten. Der clevere Kaiser August erwarb sogar ganze Landstriche, die dann vermietet oder gewinnbringend weiterverkauft wurden. Hier hielten sich oft und lange, fern der Großstadt mit ihrem Gestank und Lärm, auch so schlecht beleumdete Kaiser wie Nero und Caligula auf und sollen, wie antike Autoren berichten, recht ausschweifende Feste gefeiert haben. Ein verruchter Ort, der jedoch die Villenbesitzer nicht davon abhielt, zu jeder Sommersaison hierherzukommen, samt Sippe und Heerscharen von Sklaven.

Der römische Dichter Ovid beschrieb und verurteilte in recht deutlichen Worten das vergnügungssüchtige Leben in *Baiae*. Auch Cicero kam darauf in seiner berühmten Verteidigungsrede für den römischen Politiker Marcus Caelius

Rufus zu sprechen. Andere römische VIPs wie Seneca mieden entschieden diesen Küstenabschnitt; der Philosoph nannte *Baiae* mit erhobenen Moralzeigefinger *deversorium vitiorum*, Rasthaus der Laster.

Heute können Touristen die immer noch recht stattlichen Ruinen dieses antiken Villen- und Genusslebens besichtigen. Vor allem die eindrucksvollen Reste riesiger Thermenanlagen im archäologischen Park lohnen einen Besuch – die antiken VIPs ließen es sich auch im Sommerurlaub nicht nehmen, auf ihren gewohnten Thermalluxus zu verzichten.

Was für Betonkuppeln!

Obwohl Tempio di Mercurio genannt (Tempel des Gottes Merkur), diente dieser fast komplett erhaltene Kuppelraum vermutlich als eleganter Speisesaal, der mit Wasserspielen zur Freude der erlauchten Gäste versehen war. Die Kuppel hat einen Durchmesser von immerhin 21,55 Metern. In ihrer Mitte befindet sich, wie beim Pantheon in Rom, ein kreisrundes Loch für Frischluftzufuhr und Sonnenlicht.

Der Kuppeldurchmesser im Tempel der Venus ist noch größer: stolze 26,30 Meter. Im Diana-Tempel dann der Rekord: Seine Kuppe hat einen Durchmesser von 29,50 Metern! Die 1,20 Meter dicke Kuppe wird von einer 5,7 Meter dicken Ringmauer getragen – und das seit gut 2000 Jahren.

Wie die Römer diese Meisterwerke der Architektur errichteten, ist heute hinlänglich bekannt: Sie nutzten dafür eine spezielle Betonmischung, die nicht selten haltbarer ist als unser heutiger Stahlbeton.

Den Unterwasser-Archäologie-Park entdecken

Seit einigen Jahren lassen sich auch die unter dem Meerwasserspiegel gelegenen Ruinen des antiken Badeorts besichtigen. Im Meeresgebiet des Vesuvs, das vulkanologisch sehr aktiv ist, stieg und sank der Meeresspiegel mit den Jahrhunderten. Diese langsame Bewegung nennen Vulkanologen Badyseismos. So kommt es, dass zahlreiche Bauten von *Baiae* heute unter Wasser liegen. Nicht tief: Von einem Boot mit einem Glasfußboden aus lassen sich die Ruinen gut besichtigen. Zu sehen bekommt man auch viele gut erhaltene Unterwassermosaiken.

Wer sich mit dem Tauchen auskennt, kann direkt hinabschwimmen in diese antiken Sommervillen unter Wasser und auf diese Weise die Größe dieser Bauten erleben. Allerdings finden die archäologischen Tauchgänge immer in Gruppen bzw. begleitet statt, denn der Unterwasser-Archäologie-Park ist nicht sicher vor Kunstdieben. Das gesamte Gebiet der Villen und Thermen von *Baiae* bietet, so vermuten Fachleute, immer noch zahlreiche antike Funde, die bisher nicht entdeckt oder gehoben wurden – ein gefundenes Fressen für jene Kriminellen, die tauchen und klauen und die wiederentdeckten antiken Funde gewinnbringend auf dem italienischen und europäischen Kunstmarkt zu verschachern wissen. Oder auch vor Ort an Touristen.

↖ Die Ruinen der einstigen Ferienvillen römischer VIPs faszinieren noch als Ruinen mit ihren gigantischen Thermenanlagen.
→ Grundmauern in Baia, auf denen einst die Ferienresidenzen von Kaisern standen.

INFO

BESUCH BEI DER WEISSAGERIN

Die Sibylle von Cumae war eines der wichtigsten und am meisten besuchten Orakel der römischen Antike. Selbst Kaiser und Adlige pilgerten zu der Hellseherin, um sich die Zukunft voraussagen zu lassen, um Kriege zu planen und Ränke zum Sturz von Herrschern zu schmieden. Der Ort, an dem sie weissagte, wird heute nur von wenigen Touristen besucht, und dass, obwohl er nur 9 km von Baia und 30 km von Neapel entfernt liegt. Das eindrucksvolle Heiligtum ist gut erhalten geblieben. Zu besichtigen gibt es ein faszinierendes System von trapezförmigen großen Gängen, die bis zu jenem einst geheimnisvollen Raum führen, wo die Weissagerin wirkte. Die Pilger brachten Geschenke mit, und so wurde das Heiligtum zu einem der reichsten seiner Zeit. Im ausgedehnten archäologischen Park gibt es auch eine römische Krypta, Tempel für Apollo und Jupiter, ein Amphitheater und einen monumentalen Torbogen aus dem 1. Jh. v. Chr. zu besichtigen. Eine Tag sollte man für die Besichtigung schon einplanen.

WEITERE INFORMATIONEN

Parco Archeologico delle Terme di Baia und Cuma: www.coopculture.it
Unterwasserpark: www.parcosommersobaia.beniculturali.it
Archäologischer Park Cuma: www.pafleg.it

Der goldene Herbst verzaubert weite Teile der italienischen Alpen.

HERBST

Wenn Italien wieder leerer wird

31

ÜBERRASCHENDES TURIN

FIAT, BAROCK-FINESSEN UND ZAUBERHAFTE KAFFEEHÄUSER

Die ehemalige Hauptstadt des Königreichs Piemont glänzt mit barocken Residenzen, reichen Museen und historischen Kaffeehäusern, einer Auto-Rennstrecke auf einem Fabrikdach und dem zweitwichtigsten Ägyptischen Museum der Welt. Und die Alpen liegen gleich um die Ecke.

Die meisten Italien-Reisenden fahren direkt in den Süden, nach Florenz und Rom und lassen Turin in der Regel links liegen. Das mag an der geografischen Lage der Stadt mit ihren rund 900 000 Einwohnern im Nordwesten Italiens liegen – und doch lohnt sich ein Umweg nach Turin immer.

Schlösserreiche Residenzstadt

Turin präsentiert sich als Residenzstadt. Als das Piemonteser Königshaus der Savoyen im 17. und 18. Jahrhundert architektonisch und künstlerisch wie der große Nachbar Frankreich glänzen wollte, investierten die Herrscher und ihre Adeligen in Neubauten. Und zwar im ganz großen Stil – klotzen und nicht kleckern war angesagt. Es entstand eine Reihe königlicher Residenzen, die zu den schönsten und eindrucksvollsten Bauten ihrer Art in ganz Italien gehören. Diese Königschlösser (mehr als 15) wurden in den vergangenen Jahren aufwendig restauriert und präsentieren sich heute wieder in barockem Glanz.

Nicht nur im historischen Zentrum waren die Savoyen-Könige als Bauherren tätig. Viele ihrer schönsten Schlösser liegen am Turiner Stadtrand oder sind auf dem Land in der Umgebung zu finden, wie etwa die riesige, Mitte des 18. Jahrhunderts errichtete Palazzina di Caccia di Stupinigi. Der Name ist eine handfeste Untertreibung, denn das ehemalige Jagdschloss, dass sich König Vittorio Amadeo II. vom Baumeister Filippo Juvarra errichten ließ, ist wahrlich kein »Schlösschen«.

Museen am laufenden Band

Beim Rundgang durch das historische Zentrum Turins, das auch interessante Bauten aus den 1930er- bis 1970er-Jahren von bedeutenden Architekten bietet, sollten unbedingt einige Museen besucht werden, wie z. B. die Armeria Reale: In diesem Teil des großen Königsschlosses Palazzo Reale ist eine der umfangreichsten historischen Waffensammlungen der Welt untergebracht. Die Galleria Sabauda zeigt die schönsten Gemälde, die die Savoyen durch die Jahrhunderte sammelten, und in einem kuriosen Gebäude mit einem rund 165 Meter hohen, spitz zulaufenden Turm (einst als Synagoge für die jüdische Gemeinde Turins geplant) ist Italiens Nationales Kinomuseum untergebracht. Die Geschichte des Films im Allgemeinen und im Besonderen Italiens wird hier didaktisch modern und unterhaltsam nacherzählt.

→ Der Schrein mit der Sindone-Reliquie wird in einer eigenen Kapelle aufbewahrt.

Malerei aus dem späten Mittelalter bis ins späte 19. Jahrhundert wird im Palazzo Madama präsentiert. In diesem vom Barock-Star Juvarra entworfenen eleganten Palastgebäude im Zentrum Turins findet man das Museo Civico d'Arte mit einer der wichtigsten Kunstsammlungen Norditaliens.

Echtes oder gefälschtes Grabtuch?

Im Dom von Turin wird etwas ganz Besonderes aufbewahrt. Das Bauwerk aus der Renaissance mit seinem reich verzierten barocken Aussehen birgt in einer eigens für diesen Gegenstand errichteten großen Kapelle – mit den Ausmaßen einer kleinen Kirche – Italiens umstrittenste katholische Reliquie. In der Regel einmal im Jahr wird die Sacra Sindone ausgestellt. Es handelt sich um ein Leinentuch, auf dem sehr gut ein nackter Mann mittleren Alters mit Bart zu erkennen ist. Frommen Legenden zufolge soll es sich dabei um einen Körperabdruck Christi handeln und das Tuch in dessen Grab gefunden worden sein. Doch in den vergangenen Jahrzehnten wurden im Auftrag des Bischofs von Turin verschiedene wissenschaftliche Untersuchungen an diesem vermeintlichen Grabtuch unternommen, und es wurde deutlich, dass es sich um eine mittelalterliche Fälschung handeln könnte.

Ein in Italien einzigartiges Museums-Highlight ist das Museo Egizio, die zweitgrößte und zweitwichtigste Sammlung zur Kultur der Pharaonen nach dem Nationalmuseum in Kairo. Ausgestellt werden in einem modernen und szenografisch ausgeleuchteten Besichtigungs-Parcours Mumien, Möbel, Kunstwerke und Papyri mit Malereien, die in ihrer Schönheit und Perfektion in nichts den Ausstellungsstücken von Kairo nachstehen.

Autorennen und moderne Kunst

Ein anderes Museums-Kuriosum, auch dieses ein Unikum in Italien, ist die Ausstellungshalle auf dem Dach des Lingotto. Das in den 1930er-Jahren errichtete Lingotto war eine riesige Fabrik zur Produktion von Fiat-Autos. Auf dem Dach dieses gigantischen Bauwerks wurden in früheren Zeiten neue Automodelle, auch Rennwagen, auf einer Dachpiste ausprobiert. Ein Teil des Lingotto wurde zu einem minimalistischen Luxushotel umgebaut.

Turin sollte man im Herbst besuchen, wenn es nicht mehr so heiß ist und die Sicht von der Stadt auf die nahen Alpen schier überwältigt. Im Herbst hingegen sollten besonders Freunde zeitgenössischer Kunst anreisen – dann findet in Turin die Artissima statt, die vielleicht wichtigste Messe für Kunstgalerien, die zeitgenössische Künstler repräsentieren. Während dieser Veranstaltung werden an verschiedenen Orten im Zentrum, auch in den Wohnungen privater Kunstsammler, Ausstellungen gezeigt.

Turin gilt als eines der wichtigsten Zentren zeitgenössischer Kunst in Italien. Davon zeugen die Sammlung der Galleria Civica d'Arte Moderna, kurz GAM, und die Kollektion im Museo d'Arte Contemporana im barocken Schloss von Rivoli direkt vor den Toren Turins. In der Fondazione Merz werden die Werke von Mario Merz gezeigt und in der Fondazione Sandretto 1500 Werke der immensen Privatsammlung von Re Baudengo – eine der wichtigsten Privatsammlungen Italiens.

↖ ← Turin bietet modernste Architektur und antike Baukunst im historischen Zentrum: selten in Italien.
↗ Absolutes Muss in Turin: genießen in einem der historischen Kaffeehäuser.

INFO

HISTORISCHE KAFFEEHÄUSER

In Herbst und Winter freut man sich, wenn man in Turin nach einer Besichtigungstour eines der zauberhaften historischen Cafés aufsuchen kann, die man so nur in Turin findet: wie etwa das komplett erhaltene Belle-Époque-Café Baratti & Milano aus dem Jahr 1875 oder das berühmte Mulassano von 1907. Aus dem Jahr 1793 stammt das Caffè Confetteria Al Bicerin, eines der ältesten Kaffeehäuser ganz Italiens, berühmt für seine heiße Schokolade mit Schlagsahne. Das Caffè Gelateria Fiorio ist noch älter: Hier gibt es seit 1780 das heiß begehrte hausgemachte Speiseeis. Prunkvoll präsentiert sich an der großen und barocken Piazza San Carlo das Caffè San Carlo: Von der Decke hängen Kristallkronleuchter, die Räume sind mit Stuckaturen verziert, und man sitzt in weichen Plüschsofas. Alle diese Kaffeehäuser sind original erhalten geblieben und bieten Leckereien für jeden Geschmack. Nicht unbedingt billig, aber ein originales Turiner Erlebnis! Tipp: nehmen Sie sich Zeit für diese zauberhaften Cafès!

WEITERE INFORMATIONEN

www.turismotorino.org
www.museoegizio.it
www.residenzereali.it

32

CAPRI ERWANDERN

ROMANTISCH, VIELSEITIG UND MIT GRANDIOSEN AUSBLICKEN

Von wegen nur Jetset und Luxus: Die berühmte Insel bietet eine Vielzahl romantischer Wanderwege, die zum Glück nur von wenigen Italienern und noch weniger ausländischen Besuchern frequentiert werden. Viele wissen zum Glück gar nicht, dass es sie gibt.

Capri bietet mehr als zehn Wanderwege mit herrlichen Aussichtspunkten, historischen Villen und versteckt gelegenen Badebuchten. Eine Wanderinsel, die als solche selbst von vielen Italienern nicht wahrgenommen wird.

Eine dieser Wanderungen beginnt auf der berühmten Piazzetta, dem Zentrum der kleinen und mondänen Ortschaft Capri. Von hier, gestärkt mit einem Espresso-Kaffee, geht es ostwärts über die Via San Francesco bis zum Parco Astarita, ein in luftiger Höhe gelegener kleiner Park mit umwerfendem Panoramablick auf den Golf von Neapel und die nicht weit entfernte Küste von Sorrent und Amalfi.

Besuch beim scheuen Kaiser

Von hier ist es nicht weit bis zur Villa Jovis. Auf dem heute Monte Tiberio genannten Berg ließ sich einst der römische Kaiser Tiberius diese prächtige Villa errichten. Von diesem selbst gewählten Exil aus regierte der Kaiser das römische Weltreich in den Jahren 26–37. Rom war ihm zu laut und zu übelriechend geworden. Die heutigen Ruinen auf dem Monte Tiberio geben einen guten Eindruck davon, wie groß diese Kaiservilla einst war – und welch traumhaften Ausblick Tiberius von hier wohl genoss.

Weiter geht es auf unserem Wanderweg über den Sentiero delle Calanche zur Villa Fersen, die auch den Namen Villa Lysis trägt. Diese herrliche Villa mit Park im jugendstilähnlichen Liberty-Stil ließ sich 1905 der französische Dichter Jacques d'Adelswärd Fersen am äußersten östlichen Rand Capris und nicht weit von Tiberius' Kaiservilla entfernt errichten.

Krupps Garten

Westwärts führt der Wanderweg nun zu den Giardini di Augusto, die einst Giardini di Krupp genannt wurden. Angelegt wurden die Gärten von dem deutschen Industriellen Friedrich Alfred Krupp, der sich ebenfalls auf Capri niederließ und wie Fersen sein ganz privates Liebesleben auf der Insel auszuleben suchte. Nach dem Ende des Ersten Weltkriegs wurden die Gärten nach dem Kaiser Augustus umbenannt. Dieser wunderbare Botanische Garten bietet einen 180-Grad-Panoramablick über die Insel Capri.

Nach dem Rückweg erreicht man wieder die Piazzetta, wo man mit einem Spritz oder Prosecco auf das Erleben anstoßen kann. Für diese mittelschwere Wanderung sollte man gute Grundkondition mitbringen, auch wenn der Weg überwiegend gut und bequem zu begehen ist. Für die knapp acht Kilometer lange Strecke plant man am besten etwa drei Stunden ein, gern auch mehr, wenn man das fantastische Panorama voll genießen will. Der zu bewältigende Höhenunterschied beträgt ca. 360 Meter.

INFO

VILLA AM MEER MIT DACHTREPPE

Auf Capri lassen sich herrliche Villen aus dem 19. und 20. Jh. besichtigen. Die sicherlich extravaganteste ist die Villa Malaparte: Auf einem Felsvorsprung direkt über dem Meer ließ sich der Schriftsteller Curzio Malaparte zwischen 1938 und 1942 ein »Haus wie ich errichten: traurig, hart und streng«. Die rotbraun gestrichene Villa ist 10 m breit und 50 m lang. Die geländerlose Flachdachterrasse erreicht man über eine mächtige Treppe, und von den Fenstern schweift der Blick über das Meer – und fällt 32 m in die Tiefe. Prominente Gäste waren u. a. Schriftsteller wie Jean Cocteau und Albert Camus.

WEITERE INFORMATIONEN

www.capritourism.com
www.capri.it
Wandertipps für Capri: www.outdooractive.com

↖ Kaiser Tiberius schaut hinab auf das moderne Treiben der Insel Capri.
↑ Villa Malaparte: das wohl kurioseste Bauwerk der ganzen Insel.

33

DER GÖTTERWEG DER AMALFIKÜSTE

WANDERUNG DEM HIMMEL SO NAH

Der Wanderweg der Götter führt bequem hoch über der berühmten und in der Regel viel besuchten Amalfiküste durch unberührte Natur und bietet umwerfende Ausblicke. Vor allem im Herbst ist der Blick klar und das Wetter ausgezeichnet für diese wunderbare Wanderung.

Nur knapp acht Kilometer Wanderweg – hört sich nach wenig an, eher nach einem ausgedehnten Spaziergang. Doch was der Sentiero degli Dei, der Wanderweg der Götter, zu bieten hat, ist so schön, dass man für diese Wegstrecke manchmal einen ganzen Tag benötigt. Zahllose Panoramablicke und hölzerne Bänke, auf denen man sich ausruhen und die Aussicht bequem genießen kann, locken und zahlreiche Bäche, auf die man beim Wandern stößt, liefern gratis erfrischendes und garantiert sauberes Wasser.

Auf Odysseus Spuren

Der Sentiero degli Dei führt in luftiger Höhe an den Monti Lattari entlang, auf der Halbinsel von Sorrent und Amalfi in der Region Kampanien, und verbindet die beiden kleinen Ortschaften Bomerano, Ortsteil Agerola, mit Nocelle, Ortsteil Positano. Immer oberhalb der Küste und der kurvigen Küstenstraße und immer entlang kleiner und kleinster Ortschaften verlaufend, gilt der Wanderweg als einer der landschaftlich schönsten Fußwege Europas.

Der Name für diesen Sentiero wurde von einer antiken Sage entlehnt. Demnach soll hier, auf diesem Weg, der griechische Held und Vielreisende Odysseus vor den Sirenen geflohen sein, die auf der küstennahen Insel Li Galli ihn zu verführen versucht hatten. Die kleine und sehr malerisch wirkende Insel gehörte einst dem berühmten russischen Tänzer Rudolf Nurejev; hier feierte er berühmte Feste mit Gästen aus aller Welt. Den Götterweg gibt es bereits seit Jahrhunderten; er war lange vor dem Bau der Küstenstraße unter den Bourbonen im frühen 19. Jahrhundert der einzige Verbindungsweg zwischen den Ortschaften an der Amalfiküste.

Unterer und oberer Weg

Eigentlich existieren zwei Götterwege. Der bekanntere ist der untere, der Sentiero degli Dei. Er ist weniger anstrengend und auch – aber das ist unter Wanderern heftig umstritten – der landschaftlich reizvollere, mit den meisten und schönsten Panoramablicken. Er verläuft bis auf kurze Streckenabschnitte von oben nach unten.

Der obere Sentieri degli Dei verbindet die beiden Ortschaften Santa Maria di Castello mit Bomerano und ist sicherlich ein wenig anstrengender als der untere Wanderweg, aber immer noch ohne große Mühen zu bewältigen. Von einer Höhe ab rund 660 Metern führt er auf fast 1100 Meter hinauf zum Capo Muro und fällt dann von dort wieder auf 633 Meter hinunter.

Der große Vorteil beider Wanderwege: Hier kann man wirklich allein sein. Und wer die beiden Wege abläuft, bekommt unter Garantie die schönsten Stellen der Amalfiküste zu sehen.

INFO

BEQUEM MIT DEM BOOT

Wandern in eine Richtung und retour mit einem offenen Boot, ganz bequem an Deck sitzend und die herrliche Küste an sich vorbeiziehen lassend: Verschiedene Tour-Operator bieten eine rund neunstündige Bootstour von Amalfi nach Positano und umgekehrt an. Sie kostet um die 120 Euro. Diese Ausgabe lohnt sich, denn die landschaftlich ständig wechselnde Küste bietet immer wieder eindrucksvolle Felsformationen, Badebuchten und -strände sowie malerisch an den Hängen der Berge gelegene Ortschaften, die, wie Positano, bis direkt ans Meer heranreichen.

WEITERE INFORMATIONEN

Sentiero degli Dei: www.outdooractive.com
Wegbeschreibung Etappe 4: www.amalfi-wanderweg.de
Bootstouren an der Amalfiküste: www.getyourguide.it

← Seit Jahrhunderten wird an der Küste Landwirtschaft auf Terrassen betrieben.
↑ Wie ein Amphitheater direkt am Meer: das ehemalige Fischerdorf Positano.

34

GIORNATE FAI D'AUTUNNO

PRÄCHTIGE (EIN-)BLICKE HINTER DIE KULISSEN

Die Herbsttage des FAI heißt eine in der Regel zweitägige Aktion, bei der eine private Vereinigung zum Schutz von Kulturgütern Interessierte in eher unzugängliche Kirchen, Klöster, Paläste und Kunstsammlungen führt – ein Kulturgenuss der ganz besonderen Art.

Die Villa Necchi in Mailand wurde in den 1930er-Jahren im Auftrag eines reichen Unternehmers von Architekt Piero Portaluppi im Stil des faschistischen Rationalismus entworfen, ein Baustil, der sich vage am deutschen Bauhaus ausrichtete. Die ungemein elegante Familienresidenz ist die vielleicht eindrucksvollste in Mailand, ihre Innenräume mit Dekorationen des Art déco sind komplett erhalten geblieben.

Kloster am Strand oder Mini-Theater

Direkt am Ligurischen Meer und nur zu Fuß oder mit einem Boot erreichbar, erhebt sich die mittelalterliche Abbazia di San Fruttuoso: ein Kloster mit einem Wachturm am Strand, umgeben von mediterraner Natur – Romantik pur an der italienischen Riviera.

Nur 60 Sitzplätze im Parkett und 20 in den Logen: Das aus dem Jahr 1889 stammende Teatro di Vetriano bei Lucca gilt als das kleinste Theater der Welt und ist ein Juwel, in dem noch heute Konzerte veranstaltet werden.

Schon Italienbesucher Johann Wolfgang von Goethe spazierte durch den immensen Parco Villa Gregoriana in Tivoli bei Rom: ein großer Park mit einem künstlichen Wasserfall (das Nass stürzt über 120 m) in die Tiefe, den Papst Gregor XVI. im 19. Jahrhundert anlegen ließ.

Damit sind nur einige wenige der Kulturgüter aufgezählt, um die sich die private Vereinigung Fondo Ambiente Italiano, kurz FAI, kümmert.

Die Palazzi der Politiker

Zweimal im Jahr, im Frühling und im Herbst, organisiert der FAI ein Wochenende lang Besichtigungstouren in zahlreichen Städten und Ortschaften. An den Giornate FAI werden dann rund 700 Gebäude und Parks in etwa 400 Lokalitäten für die Besucher geöffnet sowie natürlich auch alle Kulturgüter, die der FAI besitzt. Aber das wirklich Außergewöhnliche dieser Besichtigungstouren sind jene Natur- und vor allem Kulturgüter, die sonst in der Regel geschlossen sind, wie z. B. private Villen mit privaten Kunstsammlungen oder römische Ministerien wie das Außenministerium, das über eine umfangreiche Gemälde- und Skulpturensammlung aus dem 20. Jahrhundert verfügt, die die Bürger sonst nie zu sehen bekommen. Auch andere Palazzi der Politik in Rom werden immer wieder vom FAI zugänglich gemacht. Dazu muss man wissen, dass Italiens Regierungssitz, die Abgeordnetenkammer und der Senat in herrlichen Barockpalästen untergebracht sind. Und der FAI macht auch unterirdische Ruinen der Römerzeit begehbar, die sonst unzugänglich wären.

INFO

IM WALD DES HEILIGEN FRANZISKUS

Der FAI besitzt und kümmert sich auch um Naturkulturgüter, wie z. B. um den Bosco di San Francesco im umbrischen Assisi. Dieser Park ist direkt von der Piazza vor der Oberkirche des Heiligen Franziskus durch ein Tor in der Mauer zu erreichen – 64 ha Land mit Feldern und Wald, einem mittelalterlichen Kloster und einer romanischen Kirche. Und mit zeitgenössischer Kunst: Das wohl eindrucksvollste Kunstwerk stammt vom italienischen Künstler Michelangelo Pistoletto. Er schuf für den Bosco ein Land-Art-Projekt, bestehend aus 120 Olivenbäumen, die zu drei Ringen zusammengestellt wurde. Der Titel: »Das dritte Paradies«.

WEITERE INFORMATIONEN

www.fondoambiente.it (auch in Englisch)

↖ An den FAI-Tagen werden auch in Spoleto private Paläste zugänglich gemacht.
↑ Beeindruckender künstlicher Wasserfall in der Villa Gregoriana in Tivoli bei Rom.

35

DIE HÖHLENWOHNUNGEN VON MATERA

STEINERNES LABYRINTH MIT WOHLFÜHLFAKTOR

Matera ist einmalig, denn es gab keinen anderen Ort in Europa, an dem so viele Menschen einst in Wohnhöhlen lebten. Eine Ortschaft in der süditalienischen Basilikata, deren historischer Teil, bewohnt seit rund 12 000 Jahren, inzwischen restauriert ist.

Man stelle sich vor: eine hübsche süditalienische Kleinstadt mit Bauwerken aus Renaissance, Barock und dem 19. sowie 20. Jahrhundert, wie eine von vielen. Doch direkt neben der Altstadt öffnet sich eine Art Tal, zu einem Fluss hin und mit einem Canyon. Und in diesem Felsental gibt es Wohnungen, Häuser, Kirchen, Plätze und labyrinthisch angelegte Gassen. Ein so faszinierender Ort, dass er von der UNESCO zum Weltkulturgut ernannt wurde!

Seit Jahrtausenden bewährt

Ein Wirrwarr aus Hunderten von Unterkünften, die bis in die 1950er-Jahre bewohnt waren, bis die damalige Regierung in Rom entschied, dass das Wohnen in den sogenannten Sassi in Matera menschenunwürdig sei. Die Bewohner wurden in moderne Wohnblocks umgesiedelt und die Sassi sich selbst überlassen.

Doch schon seit dem Paläolithikum lebten in den Sassi Menschen, also rund 12 000 Jahre lang. Beim Rundgang durch das Gewirr der Sassi fallen aufmerksamen Beobachtern steinerne Wasserleitungen auf. Sie existieren und funktionieren seit Jahrtausenden und sorgten dafür, dass fast alle Wohnungen regelmäßig mit Trinkwasser versorgt wurden. Ein Wasserleitungssystem, wie es ähnlich nur aus dem antiken Nordafrika bekannt ist.

Wie ein himmelstrebender Bienenstock

Die Sassi von Matera bestehen aus zwei Vierteln, dem Sasso Caveoso und dem Sasso Barisano. Die Grotten wurden in den weichen Tuff- und Sandstein geschlagen. Anfangs handelte es sich nur um einfache Wohnhöhlen, doch da der Stein sich gut behauen ließ, entstanden später, vor allem in der Renaissance und im Barock, auch teils große und prächtig gestaltete Bauten mit entsprechenden Dekorationen. Je tiefer sich die Bewohner ins Innere des Berges bohrten, desto tiefer wohnten sie auch. An bereits bestehenden Bauten wurden Anbauten errichtet, und das Resultat wirkt deshalb wie ein Bienenstock, der zum Himmel hin geöffnet ist.

So richtig eng wurde es in den Sassi dann im 19. Jahrhundert, als die Bauern die Grotten auch als Lagerstätten für ihre landwirtschaftlichen Produkte nutzten. Die steigende Bevölkerungsdichte führte zu Krankheiten, und auch das Wassersystem konnte mit den Bedürfnissen der Menschen nicht mehr mithalten.

In den 1950er-Jahren lebten noch rund 30 000 Menschen in den Sassi. Heute sind es wieder circa 2000, die hier wohnen, Hotels, B&Bs und Lokale betreiben. Die Sassi haben sich herausgeputzt, wurden restauriert, und die Altertümerbehörde wacht darüber, dass das auch so bleibt.

INFO

IM GROTTENHOTEL

Eine Grotte mit Eingang und Fenster, die künstlich und mit natürlichem Licht erleuchtet wird: So sieht eine Suite mit rund 45 qm Fläche aus – mit eigenem Badezimmer inkl. Badewanne und allem Komfort. Das Sextantio Le Grotte della Cività ist ein zauberhaftes Hotel mitten in den Sassi von Matera, eine der unbestritten kuriosesten Unterkünfte Süditaliens. Das Hotel ist ein sogenanntes Albergo diffuso, denn jede Suite in den Sassi sieht anders aus und ist unterschiedlich gestaltet. Man wohnt mittendrin in den uralten Wohnhöhlen, die auch reizende Lokale und Cafés bieten.

WEITERE INFORMATIONEN

www.sextantio.it
www.materawelcome.it

← Matera wurde direkt am Abgrund eines Canyons vor Jahrtausenden errichtet.
↑ Über- und untereinander befinden sich überall die labyrinthisch wirkenden Sassi.

36

BURGEN IN APULIEN

AUF DEN SPUREN DES STAUFERKAISERS

Unter Kaiser Friedrich II. erlebte die Region Apulien eine kulturelle Blüte, mit Freiheiten, die vor und nach den Staufern undenkbar waren. An diese Epoche des Mittelalters erinnern noch heute zahlreiche beeindruckende Bauwerke, nicht nur das Castel del Monte.

Friedrich II. wurde 1194 geboren. Er war König von Sizilien, Herzog der Staufer, König der Römer und Jerusalems und Kaiser des Heiligen Römischen Reichs. Schon seine Zeitgenossen nannten ihn »Stupor Mundi«, Staunen der Welt, weil er in seinem Reich, vor allem in Süditalien, wo er sich am liebsten aufhielt, eine nie dagewesene religiöse und kulturelle Freiheit förderte. An seinem Hof lebten Muslime und Juden friedlich mit Christen zusammen. Anstatt Andersgläubige zu unterdrücken, wie das die Päpste in Rom von ihm forderten, unternahm er alles, damit die Menschen kulturell, religiös und intellektuell voneinander profitierten.

Rätselhaft und kurios

Auch die Region Apulien genoss unter den Staufern eine Zeit der wirtschaftlichen Blüte. Davon zeugen noch heute beeindruckende Bauten, die man auf einer herbstlichen Tour durch die Region, wenn es nicht mehr so heiß und touristisch überlaufen ist, in aller Ruhe genießen kann.

Da ist zunächst einmal das berühmteste Bauwerk aus der Zeit des Stauferkaisers: Das Castel del Monte liegt auf einem Hügel und ist schon von Weitem gut zu sehen. Es wurde in der ersten Hälfte des 13. Jahrhunderts errichtet – ein kurioses Bauwerk, dessen Zweck immer noch nicht geklärt ist. Der Grundriss ist achteckig, und jede Ecke verfügt über einen ebenfalls achteckigen Turm. Das ausgefeilte Belüftungssystem des Castels könnte darauf hindeuten, dass der Kaiser und sein Hofstaat es nicht nur als Jagdschloss, sondern auch als eine Art türkisches Bad nutzten. Generell hielt sich der Kaiser hier wohl sehr gern auf, doch warum, das ist wegen der spärlichen Dokumentenlage unklar.

Friedrichs Burgen

Friedrich II. verlegte die Hauptstadt seines Reichs in Süditalien von Palermo ins apulische Foggia und ließ dort gleich drei Paläste errichten. Um diese Region vor möglichen Angriffen zu schützen, wurden verschiedene Burgen und andere Wehranlagen gebaut, von denen die meisten heute noch besichtigt werden können. Beeindruckend wegen ihrer Größe sind das Castello Svevo in Trani, die Burgen in Brindisi und Gravina in Puglia und auch in Gioia del Colle.

Die gut erhaltenen Bauten des Stauferkaisers finden sich in der gesamten Region, von Lucera und Arpi im Norden bis nach Oria im Süden und fast immer in Ortschaften mit gut erhaltenen Kirchen aus dem 13. Jahrhundert und mitten in malerischen historischen Stadtkernen.

Friedrich II. starb im November 1250 im Castel Fiorentino bei Torremaggiore in Apulien – an jenem Ort, dem ihm eine Prophezeiung als Todesort vorausgesehen hatte.

INFO

VON MONSTERN UND ENGELN

Kurz nach dem Tod Friedrichs II. entstand in den 1160er-Jahren in der Kathedrale von Otranto eines der unbestritten faszinierendsten und interessantesten Mosaike des gesamten europäischen Mittelalters. Auf mehreren Hundert Quadratmetern des Kirchenfußbodens sind ungemein fantasiereich gestaltete Fabelwesen, Furcht einflößende Monster, fromme Heilige, kriegerische Ritter, Engel sowie Szenen aus dem Alten Testament zu sehen. Zentrum dieses riesigen Mosaiks ist ein gigantischer Baum des Lebens, bevölkert mit zahllosen Figuren. Geschaffen wurde dieses einmalige Meisterwerk von Pantaleone, einem Mönch, der gleichzeitig auch ein Mosaikkünstler war.

WEITERE INFORMATIONEN

www.turismoinpuglia.com

↖ Was trieb der Stauferkaiser hier? Das immer noch rätselhafte Castel del Monte.
↑ Eine der vielen Burgen, die Friedrich II. in Apulien errichten ließ.

37

IN DEN ABRUZZEN – NAVELLIS GELBES GOLD

WO DER SAFRAN WÄCHST

Aus einer kleinen und unscheinbaren, aber von einer wilden und ursprünglichen Landschaft umgebenen Ortschaft kommt – da sind sich viele Chefköche einig – eine der besten Zutaten der Welt für viele Gerichte: der berühmte Safran von Navelli.

Es ist ein sehr kleiner Ort, mit weniger als 600 Einwohnern, auf knapp 800 Metern Höhe gelegen und umgeben von einer einsamen Landschaft aus Bergen und Hochebenen – Abruzzen-Feeling pur. Navelli hat keine bedeutenden historischen Bauten zu bieten, außer einem malerischen Ortskern gibt es hier nichts, was Reisende anziehen könnte. Der Umstand aber, dass hier architektonisch nicht viel modernisiert wurde, macht Navelli zu einem der ursprünglichsten Dörfer in den Abruzzen.

Kostbare Spezialität

Menschen lebten hier schon im 4. Jahrhundert v. Chr. Vom Ort aus blickt man zu allen Seiten hin auf die Hochebene von Navelli, die eine Fläche von etwa 3 x 25 Kilometern hat. Eine berühmte Hochebene, kommt doch von hier eines der schmackhaftesten und zugleich teuersten Gewürze der Welt, eine Spezialität, die von angesehenen Chefköchen weltweit nur hier geordert wird: Safran.

Die Blüten werden im Herbst geerntet, wenn ein Teil der Hochebene von Navelli gleich einem lila Teppich aus Tausenden von blühenden Krokussen besteht. Aus diesen Krokusblüten wird das kostbare gelbe Gold gewonnen. Natürlich kommt ein Großteil des heute verwendeten Safrans immer noch aus orientalischen Ländern und aus Asien, doch viele Feinschmecker und Chefköche schwören ausschließlich auf den Safran aus Navelli.

Aufwendige Ernte

Der Safran wird von den Bewohnern von Navelli von Hand geerntet. Die körperlich anstrengende Ernte und die sich daran anschließende Entfernung der wertvollen Blütenstängel, die zu Safran verarbeitet werden, macht dieses Gewürz so teuer. Und auch der Umstand, dass es mehr Interessenten an diesem rein biologischen Produkt aus Navelli als den Safran selbst gibt.

Safran muss vor Sonnenaufgang geerntet werden – eine Knochenarbeit im Bücken auf den ausgedehnten und im Herbst von Wind gepeitschten Feldern der Hochebene von Navelli. An die Arbeit macht man sich, ehe sich die Krokusblüten öffnen. Nur so kann die Blüte geerntet werden, ohne die Blütenstängel zu beschädigen. Die geernteten Blüten werden ins Dorf gebracht. Ist das Wetter gut und vor allem nicht windig, sitzen in den Gärten und auf den Terrassen um große Tische herum meist Frauen, die mit geschickten Händen die Stängel aus den Blüten puhlen. Erst dann können diese zu dem geschmacklich besonders intensiven Safran aus Navelli verarbeitet werden.

INFO

KIRCHENFEST MIT SCHLANGEN

46 km südlich von Navelli liegt das Dorf Cocullo. Hier findet alljährlich am 1. Mai eines der kuriosesten Feste Italiens statt – das Fest der Schlangenfänger. Vorchristliche und christliche Riten werden bei diesem in ganz Italien einmaligen Fest zusammen vollzogen: Während eines feierlichen Umzugs durch Cocullo wird eine Holzfigur des Heiligen Domenikus ausgestellt, um dessen Kopf und Körper sich zahllose aus der Umgebung gesammelte Schlangen winden – gewiss nicht für alle ein beruhigender Anblick. Viele Anwesende tragen auch selbst Schlangen mit sich umher. Ein unvergessliches Erlebnis!

WEITERE INFORMATIONEN

www.zafferanoaltopianonavelli.it
https://cocullocoproloco.it

← Kniffelige Arbeit für Leute mit Fingerspitzengefühl: Safranernte in Navelli.
↑ Keine Angst: Die Schlangen in Cocullo sind nicht gefährlich.

38

INSELRUHE VOM FEINSTEN – LIPARI

WENN ES STILL WIRD IM ÄOLISCHEN MEER

Lipari gehört zur Gruppe der sieben Äolischen Inseln, die mit Schiffen bequem vom sizilianischen Messina aus zu erreichen sind. Im Sommer sind diese Inseln bei Touristen sehr beliebt – im Herbst hingegen kommen Insider, die wissen, dass es in dieser Jahreszeit hier am schönsten ist.

Herbst in Süditalien bedeutet angenehme Wärme ohne die Schwüle des Sommers und ohne die 30-Grad-Marke zu überschreiten. Herbst auf den Äolischen Inseln heißt viel mehr Ruhe und Stille als in der sommerlichen Hochsaison. Freunde aus Rom reisen deshalb in den Herbstmonaten nach Lipari. Auf der Insel mieten sie jeden Oktober eines der traditionellen weißen Häuser, an einem Hang gelegen und mit einer großen weißen Terrasse, die von einem von weißen Säulen gestützten Dach aus Weinreben vor der Sonne geschützt ist. Die Mauern dieser Häuser bestehen aus steinernen Sitzbänken. Darauf legt man Kissen – und fertig ist der schattige Platz am Esstisch, der im Herbst auch bis weit in den Abend hinein noch ohne wärmende Kleidung genutzt werden kann.

Griechische Legende

Lipari ist rund 37 Quadratkilometer groß und damit die größte der Äolischen Inseln. Etwa 10 500 Menschen leben hier fest. Der Name des Eilands könnte, so die griechische Mythologie, von *Liparo* stammten, dem Sohn von Ausone, der mit kriegerischen Eroberern einst die Insel zu seinem Besitz erklärt haben soll. Das Symbol der Insel, eine Wehranlage, wurde im 17. Jahrhundert errichtet. Damals war ein Katalane Gouverneur der Insel.

Auf Lipari sollte man aber nicht nur entspannen, denn es gibt einiges zu besichtigen. Da sind zunächst einmal die Nekropolen aus der Zeit vom 5.–1. Jahrtausend v. Chr., als sich hier die ersten Menschen niederließen. Auch aus der Zeit der Griechen und Römer kann man noch Reste verschiedener Bauten bewundern. Gut erhalten sind hingegen die vielen Gotteshäuser aus dem Mittelalter bis zum Barock – beeindruckend ist vor allem die Basilika von Lipari, dem Heiligen Bartholomäus geweiht, die im frühen 12. Jahrhundert errichtet und im Barock um- und ausgebaut wurde.

Inselhüpfen

Von Lipari aus kann man auch gut Ausflüge auf die anderen Äolischen Inseln unternehmen, wie etwa nach Panarea, dem mit nur 3,4 Quadratkilometern kleinsten Eiland des Archipels. Hier leben im Herbst, wenn die meisten Touristen fort sind, nur knapp 300 Menschen. Panarea ist ein Traum von süditalienischer Insel: mit zauberhaften und versteckt liegenden Stränden und teils recht einsamen Ferienhäusern. Auf Panarea braucht man kein Auto, fast alle Locations und Geschäfte sind zu Fuß zu erreichen. Oder mit einem Fahrrad oder einem Moped, das man bequem auf der Insel ausleihen kann.

← Mehrfarbiges vulkanisches Gestein am Meer von Lipari.
↓ Der kleine romantische Hafen bietet auf der Insel einige ausgezeichnete Lokale.
↓ Piratenzeichen am alten Hafen des Fischerortes von Lipari.

INFO

FRISCH IN DIE KÜCHE

Wer im Herbst eine Ferienwohnung auf den Äolischen Inseln bucht, kommt nicht nur in den Genuss von einsamer Weltabgeschiedenheit, sondern hat auch die Möglichkeit, frische Meerestiere zu verköstigen. Doch heißt es dazu, morgens früh aufzustehen, um direkt am Hafen frische Fische, Krabben etc. bei den Fischern zu kaufen. Selbst zubereitet, genießt man diese dann bequem auf der eigenen Terrasse. Oder man probiert eine der vielen lokalen Spezialitäten wie das schwarze Risotto mit Tintenfisch, Thunfischnudeln, Kapern-Spaghetti und andere Leckereien in den ortsansässigen Trattorien.

WEITERE INFORMATIONEN

www.turismoeolie.com (auch in Englisch)

39

DAS »KLEINE VENEDIG« – CHIOGGIA

VERSTECKTE SCHÖNHEIT IN DER LAGUNE

Auch in Chioggia gibt es Kanäle und Gondeln, Brücken, einladende Lokale und Cafés, kurz: viel Atmosphäre. Aber hier gibt es dafür keine Touristenmassen und Warteschlangen vor den Museen, denn Chioggia liegt auf der ruhigen Seite der Lagune.

Auch im Herbst ist Venedig voller Touristen – erst im Winter, wenn es feucht, kalt und windig werden kann, verschwinden die Menschenmassen. Doch es gibt eine Lagunenstadt, die auch im Herbst angenehm ist, wo man sich frei bewegen kann, ohne sich ständig an Reisegruppen vorbeischieben zu müssen.

Diese kleine Ortschaft in der südlichen Lagune, rund 52 Kilometer von Venedig entfernt, heißt im venezianischen Dialekt *Cióxa* und im Italienischen Chioggia. Rund 48 000 Menschen leben hier am Wasser. Im Unterschied zu Venedig, wo man seinen Wagen auf dem zentralen Parkplatz Piazzale Roma parken muss, kann man in Chioggia zwar nicht überall, aber an verschiedenen Orten mit dem Auto unterwegs sein. Aber der Verkehr ist beschränkt, und das ist gut so.

Griechische Wurzeln

Das »kleine Venedig«, wie Chioggia auch gern genannt wird, hat eine beeindruckende Gründungsgeschichte. Es soll der aus dem zerstörten Troja in die nördliche Adria geflohene Äneas gewesen sein, der neben Padua auf dem Festland und Aquileia an der Küste auch Chioggia in der Lagune gegründet haben soll.

Soweit die Legende. Archäologisch nachweisbar ist, dass vermutlich Griechen um das Jahr 2000 v. Chr. eine erste Ortschaft gründeten. Nicht ausgeschlossen ist, dass der Name Chioggia vom Wort *Cluza* abgeleitet werden kann, was so viel bedeutet wie »künstlich gebaut«.

Im Unterschied zu Venedig, das erst zum Ende des Römischen Reichs entstand, war Chioggia schon während der Römerzeit eine blühende Handelsstadt. Im frühen Mittelalter teilte sich Chioggia dann weitgehend die Geschichte mit der immer größer werdenden Stadt Venedig. Kurios ist, dass Chioggia im späten 14. Jahrhundert in Folge einer Schlacht zwischen Genua und Venedig ein Jahr lang der Seerepublik Genua angehörte.

Carlo Goldonis' Komödientheater

Auch wenn die Hafen- und Fischereistadt Chioggia nicht wie Venedig prächtige Paläste und Museen vorweisen kann, so ist die Altstadt mit ihren Gassen, Plätzen und malerischen Kanälen doch ungemein reizvoll. Im 18. Jahrhundert, der kulturellen Blütezeit der Seerepublik Venedig, lebte Italiens berühmtester Komödiendichter Carlo Goldoni viele Jahre lang in Chioggia und siedelte die Geschichten einiger seiner berühmtesten Theaterstücke in der kleinen Stadt an.

Die wichtigste Wasserstraße Chioggias ist der von neun Brücken überspannte Canal Vena. Eindrucksvoll ist auch die Cattedrale di Chioggia: Sie wurde während der Romanik im 11. Jahrhundert errichtet und im 18. Jahrhundert prächtig aus- und umgebaut. In ihrem Innern befinden sich Sakralgemälde berühmter Künstler, wie etwa von Francesco Rosa und Palma il Giovane.

INFO

STRÄNDE VOR DER HAUSTÜR

Im Unterschied zu Venedig braucht man in Chioggia kein Vaporetto, um die Strände am fernen Lido zu erreichen. In Chioggia schlendert man über eine Brücke direkt zu den verschiedenen Badeanstalten an einem langen Strand, zu den Bagni Perla, den Bagni Clodia und nach Bahia del Sole und anderen Stränden, die fast die gesamte Ostküste der Halbinsel bei Chioggia einnehmen. Im Sommer herrscht auch hier wie auf dem Lido einiger Trubel; im Herbst hingegen kann man die Sonne und das noch warme Wasser ganz ohne Rummel genießen.

WEITERE INFORMATIONEN

www.visitchioggia.com (auch in Deutsch)

← Wie Venedig auf Zigtausenden von Baumstämmen errichtet: das stille Chioggia.

↑ Kanäle und stolze Bürgerhäuser und nur ganz wenig Rummel.

40

DIE BAROCKE – LECCE

TRIUMPH DES DEKORATIVEN

Wie ein riesiges Bühnenbild aus einer Mozart-Oper wirkt die Altstadt von Lecce im Salento, im südlichen Apulien. Ein Traum von einer Stadt, die in den vergangenen Jahren komplett restauriert wurde. Nicht zu Unrecht nennen sie die Einheimischen »Signora del Barocco«, die Dame des Barock.

Wer zum ersten Mal die Basilica di Santa Croce in Lecce sieht, kann nur staunen. Dieses Gotteshaus gilt als wohl typischstes Werk des sogenannten Barocco Leccese – damit ist eine lokale und sehr eigenwillige Interpretation des Barockstils des 17. und 18. Jahrhunderts gemeint, die es so nur in Lecce gibt. Anders als in den Hochburgen des italienischen Barocks, in Rom und Neapel, dominieren in Lecce an Gotteshäusern und Palästen opulente Dekorationen. Ein so reicher Formenschmuck, dass das eigentliche Mauerwerk einer Fassade fast zu verschwinden scheint. Doch dieses Übervolle an Dekorationen wirkt nicht schwer oder zu überladen, vielmehr fasziniert der Lecceser Barock durch seine gestalterische Leichtigkeit und Harmonie. Das Hauptwerk dieses lokalen Barockstils ist die Basilica di Santa Croce aus dem späten 16. und 17. Jahrhundert.

Pracht aus goldenem Stein

Die Fassade ist ein Triumph aus Säulen und Skulpturen, aus Kapitellen und Fenstern. Das Gesamte wirkt wie aus Zuckerguss oder wie Klöppelspitze aus Stein. Und was für ein Stein! Fast alle historischen Bauwerke des Ortes wurden aus Pietra Leccese errichtet, einem gelben Kalkstein, der einfach zu bearbeiten ist. Und der leuchtet: Im Licht der Sonnenuntergänge färben sich die Paläste und Wohnhäuser, die Kirchen und Klöster leicht goldrot.

Zentrum Lecces und umstellt von zauberhaften und natürlich reich dekorierten Gebäuden ist die Piazza Sant'Oronzo. Neben Palästen und einer mächtigen Kirche erhebt sich hier auch ein antikes Amphitheater, und in der Bar Avio sollte man eine Pause einlegen, um das Ensemble historischer Bauten bei einem Eis-Kaffee in Ruhe zu genießen. Die nicht weniger schöne Piazza Duomo bietet gleich drei architektonische Hauptwerke des Lecceser Barock: den Dom mit seinem 72 Meter hohen Glockenturm, den Bischofspalast und das barocke Priesterseminar.

Barocke Schmuckstücke

Beim Rundgang durch die pittoreske Altstadt fallen zahlreiche Paläste auf. Die meisten werden immer noch von adeligen Familien bewohnt. Sehr schön, weil elegant und aufwendig dekoriert, ist der Palazzo dei Celestini, ein Hauptwerk des Lecceser Barocks. Unbedingt sehenswert ist auch die Kirche Santa Chiara an der Piazza Vittorio Emanuele II. Die Fassade dieses Klausurklosters ist über und über mit Pflanzenmotiven verziert, und im Innern faszinieren Holzskulpturen der neapolitanischen Schule. Ein wahres Schmuckstück ist auch das Teatro Paisiello aus dem 19. Jahrhundert, das komplett in seinem Stil erhalten geblieben ist; 320 Personen finden hier Platz, und die Spielzeit, die im Herbst beginnt, lockt auch viele Touristen an.

INFO

LECCESER SPEZIALITÄTEN

Giorgio Locatellis »3 Rane Ristoro« im historischen Zentrum von Lecce bietet nur 15 Sitzplätze, deshalb sollte man unbedingt reservieren. Das ausgezeichnete und weit über die Stadtgrenzen hinaus bekannte Restaurant des Lecceser Chefs bietet garantiert traditionelle Salentiner Küche. Seine Fleisch-, Fisch- und Nudelgerichte folgen lokalen Gastrotraditionen, die so seit Jahrhunderten existieren, wie etwa die traditionellen Gerichte mit Pferdefleisch, die Ofenzwiebeln mit Quitten oder die Rinderzunge in Gelatine. Dazu werden die besten Weine des Salento serviert.

WEITERE INFORMATIONEN

www.infolecce.it
3 Rane Ristoro: Tel. +39/(0)375/504 101 65

↖ Barocke Kirchenfassade in Lecce, die an Bühnenbilder für Opern erinnern.
↑ Barockes und reich geschmücktes Rundfenster an der Basilika Santa Croce.

41

SARDINIENS COSTA SMERALDA

UNBESTRITTEN ZAUBERHAFT UND GARANTIERT MONDÄN

Offiziell entstand die wohl berühmteste Küste Sardiniens 1962. In jenem Jahr entschied sich eine Handvoll Italiener zusammen mit dem Prinz Karim Aga Khan IV. ein Paradies auf Erden zu schaffen. Gesagt, getan: So entstand die Costa Smeralda!

Jeder Besucher ist hingerissen von diesem Küstenabschnitt, der eine umwerfend schöne Natur mit einer zum türkisblauen Meer hin sanft abfallenden Landschaft bietet, mit feinsten Sandstränden und intimen Badebuchten, mit Luxushotels, die sich architektonisch der Umgebung anpassen, und mit Villen für die Reichen und Schönen. Ein Ferienpark für VIPs, der sommers auch viele Touristen anzieht. Und das zu Recht: Auch wenn diese Feriengegend auf dem Reißbrett entstanden ist, beweist sie doch, dass moderne Architektur und Landschaftsplanung nicht immer hässlich sein müssen.

Aus der Retorte, aber wunderschön

Die Costa Smeralda an der nordöstlichen Küste Sardiniens ist rund 50 Kilometer lang. Hier lebten so gut wie keine Menschen, bis 1962 das Konsortium der Costa Smeralda gegründet wurde. Berühmte Architekten wie Michele Busiri Vici und Luigi Vietti erfanden einen pseudo-traditionellen Baustil, der sich harmonisch in die zauberhafte Landschaft einpassen sollte.

Die Hafenstadt Porto Cervo entstand »ex novo«. Die meisten Bauwerke, die der Reisende heute zu sehen bekommt, wirken wie aus einem Guss, aber in keiner Weise modern-aggressiv. Umgeben sind sie von einer subtropischen Natur und gepflegtem Rasen. Ein Traum von Ferienparadies, das seit seiner Fertigstellung zum Mekka der Reichen und Schönen, gekrönter Häupter und Staatsgäste geworden ist.

Klar, dass auch Italiens Medienzar Silvio Berlusconi hier eine Villa besitzt. Eine der größten überhaupt: Seine Villa Certosa verfügt nicht nur über einen riesigen Park, sondern auch über einen Kaktusgarten und sogar einen künstlichen Vulkan, den Italiens reichster Mann für besondere Gäste Kunstlava speien lässt.

Porto Cervo oder Luxus pur

Das Herz der Costa Smeralda ist ebendieser auf dem Reißbrett entstandene Fischerort Porto Cervo. Hier findet man elegante Luxusboutiquen, 5-Sterne-Hotels und ausgezeichnete Restaurants zuhauf. Das Highlight von Porto Cervo ist eine Kirche, entworfen von Michele Busiri Vici: Die Stella Maris von 1968 passt sich perfekt dem mediterranen Stil der anderen Bauten an, und von hier genießt man einen fantastischen Blick über die gesamte Küste.

Besonders schön ist die Cosa Smeralda im Herbst – dann ist der große Rummel vorbei und man findet sogar in den ansonsten teuren Herbergen preiswerte Zimmer.

INFO

STRANDPERLEN

Ferien an der Costa Smeralda kosten viel Geld. Gratisstrände, allerdings ohne Liegen und Sonnenschirme, gibt es in Nordsardinien aber dennoch zuhauf, einer schöner als der andere. Wie etwa Porto Ferro mit einem halbmondförmigen Strand, feinstem zartrosa Sand und azurblauem Wasser. Wie in den Tropen fühlt man sich am Strand La Pelosa in der Nähe von Stintino – das Wasser ist fast immer ruhig, weil vor Winden geschützt, und fasziniert mit seinen türkisgrünen Schattierungen. Wie ein natürlich gewachsenes Amphitheater präsentiert sich Li Cossi, eine von malerischen Felsen umgebene Badebucht mit feinem Sand und einem kleinen See.

WEITERE INFORMATIONEN

www.sardegnaturismo.it (auch in Deutsch)

← Die für die Costa Smeralda typischen rundlichen Felsen direkt am Meer.
↑ Die Chiesa Stella Maris in Porto Cervo aus den 1960er-Jahren.

42

TRÜFFELZEIT IN DEN MARKEN

HERBSTLICHES PILZGLÜCK

Viele wissen, dass hervorragende Trüffel im Herbst bei Alba und in der gesamten Region Piemont von abgerichteten Hunden erschnüffelt und zu astronomisch hohen Preisen gehandelt werden. Aber auch aus der Region Marken kommen fantastisch schmeckende »tartufi«.

Denn auch in den Marken sind sie eine begehrte Delikatesse. Nur dass man in dieser Region keine der knolligen, meist unterirdisch wachsenden Pilze von auswärts kaufen muss – sie wachsen auch hier und schmecken nicht schlechter als die aus den berühmten Trüffelhochburgen im nordwestitalienischen Piemont.

Das traditionelle Trüffelzentrum der Marken heißt Aqualagna. Köche, Gastronomen und Feinschmecker kommen selbst aus Rom hierher gepilgert, um nach der Ernte im Herbst einzukaufen, um gar die Ersten zu sein, um die besten Knollen meistbietend ergattern zu können.

Geheimnisvolle Tartufaie

Aber wie auch anderswo kann man in den Marken nicht einfach auf Trüffelsuche gehen. Das machen zwar einige Einheimische, die sich auskennen, aber offiziell ist dies illegal. Einen Tartufaio, also einen Trüffelsucher und -experten, darf man sich nur nach Bestehen einer Prüfung nennen. Diese Tartufai wissen genau, wo sie mit ihren Trüffelhunden, aber auch -schweinen suchen müssen. Unterwegs sind sie in den Marken immer im Herbst, in der Regel zwischen Oktober und Anfang Dezember. Die Fundorte werden Tartufaie genannt, und jeder Trüffelsucher hält diese Orte geheim und verrät sie niemals.

Trüffelsucher sind auch in den Marken früh unterwegs. Morgendliche Spaziergänger und Wanderer treffen sie dann oft im dichten Wald an. In den Marken wachsen die besonderen Pilze am besten zwischen 800 und 1000 Metern Höhe und bis zu 40 Zentimeter tief im Erdreich.

Teure Spezialitäten

Auch die im Vergleich zu den eher runden Trüffeln aus Alba ziemlich schrumpelig aussehenden Luxuspilze aus der weniger bekannten Trüffelregion Marken haben ihren Preis. In den vergangenen Jahren war es keine Seltenheit, dass die Pilzsucher für ein Kilogramm Trüffel bis zu 5000 Euro verlangen konnten. Je weniger Trüffel sie finden, desto höher wird natürlich der Preis der Spezialität.

Wie auch anderswo in Italien wird der schwarze und weiße Feinschmeckerpilz in den Restaurants der Marken in hauchdünne Scheibchen gehobelt, etwa über einen Teller mit dampfenden Tagliatelle – eine Herbstleckerei der ganz besonderen Art. Aber nicht nur in der Gastronomie findet der Marken-Trüffel Verwendung, er wird auch in der regionalen Butter, im Honig und sogar – sehr lecker – in Schokolade verarbeitet.

INFO

DAHEIM BEI DER MADONNA

In Loreto sollte man eine der kuriosesten Kirchen Italiens besichtigen: die Basilica della Santa Casa. Sie enthält eine ganz besondere Reliquie, die Santa Casa, das Heilige Haus. Das ist ein einfaches Steingebäude, in dem, so die fromme Legende, Jesus bei seinen Eltern aufgewachsen sein soll. Einer anderen Legende zufolge sollen Engel Ende des 13. Jh., als Moslems Palästina beherrschten, das Gebäude aus Nazareth mit einem abenteuerlichen Engel-Flug über das Mittelmeer nach Loreto in Sicherheit gebracht haben. Fakt ist, dass diese Reliquie heute die wichtigste ihrer Art in Loreto ist, untergebracht in einem prächtigen Renaissance- und Barockbau.

WEITERE INFORMATIONEN

www.ristoranteandreina.it

↖ Ziemlich teuer und sehr lecker: Trüffel aus den Marken.
↑ Heiligtum Loreto mit dem Haus der Muttergottes Maria.

43

TRAUMHAFTER LAGO D'ORTA

EINE LANDSCHAFT WIE EINE FATA MORGANA

Was ist schöner: der See mit seiner fantastischen Lage, umgeben von Bergen und malerischen Ortschaften, oder die Insel im See, die wie eine Erscheinung wirkt, wie eine Fata Morgana? Die Entscheidung fällt schwer, vor allem im Herbst, wenn die Blätter der Bäume am See gelbgolden leuchten.

Der Lago d'Orta ist mit 18 Quadratkilometern der kleinste in ganz Norditalien. Massentourismus gibt es hier auch in der Hochsaison nicht und erst recht nicht im Herbst, wenn man den ganz besonderen Reiz dieser Gegend dann fast allein genießt. Das Wasser ist kristallklar, die wenigen Orte direkt am Ufer sind ungemein malerisch, und die Ausläufer der westlichen Alpen fallen sanft zu dem piemontesischen See hinab. Ein Landschaftsgemälde pur, ideal zum Entspannen.

Fernab der modernen Welt

Und dann wäre da noch diese Insel mitten im See – hat man sie einmal erblickt, möchte man sofort dorthin. Kleine Boote fahren zu ihr hinüber, zur Isola San Giulio. Sie wirkt wie eine Erscheinung, wie das Sujet eines romantischen Landschaftsmalers aus dem 19. Jahrhundert. Auf dieser nur 140 Meter breiten und etwa 280 Meter langen Insel thront eine Basilika, die, so die fromme Legende, im 4. Jahrhundert vom Heiligen Julius gegründet worden sein soll.

Im Innern dieses wunderschönen Gotteshauses faszinieren Wandmalereien und eine prachtvoll gestaltete Predigtkanzel. Der gläserne Sarg in der Krypta soll die sterblichen Überreste des Heiligen enthalten. Früher lebten hier Bischöfe. Sie nutzten den unbestritten entspannenden Ort später als Sommerresidenz, denn so richtig heiß wird es hier selbst im Sommer nicht.

Die Insel ist dicht mit historischen Gebäuden bebaut. Autos gibt es keine. Man ist zu Fuß unterwegs, und die Ruhe ist phänomenal – man fühlt sich fernab der modernen Welt.

Bilderbuchortschaft

Der Lago d'Orta ist ein Gletschersee, maximal 71 Meter tief, und sein Wasser ist tiefblau. Orta San Giulio ist der Hauptort, direkt am Seeufer gelegen, ein Dorf mit nur rund 1300 Einwohnern. Es gilt als eine der schönsten Ortschaften Italiens. Hauptplatz ist die Piazza Mario Motta mit dem Rathaus, einem Palazzo aus dem 16. Jahrhundert. Seit dem 13. Jahrhundert wird auf der Piazza jeden Mittwoch der Wochenmarkt abgehalten; von hier fahren auch die Boote zur Insel ab.

Im Barockstil präsentiert sich das Oratorio di San Rocco, und die Villa Crespi ist unbestritten das fantastischste Bauwerk der gesamten Gegend: Ganz in einem verspielten maurischen Stil, errichtete sich ein Baumwollunternehmer 1879 dieses Privatschloss mit einem wie ein Minarett wirkenden Turm. Auch wenn hier heute ein Luxushotel untergebracht ist, kann man dieses Gebäude und die Terrasse am See bei Kaffee und Kuchen oder einem Aperitif besichtigen und genießen.

INFO

HEILIGE BERGE

Ein Weltkulturerbe der UNESCO ist der Sacro Monte d'Orta. Auf diesen Heiligen Berg von Orta führt ein Pilgerweg, den 36 zwischen dem 16. und 17. Jh. errichtete Kapellen flankieren, in denen mit lebensgroßen Figuren und zauberhaften Malereien das Leben des Heiligen Franziskus von Assisi nacherzählt wird. Der Kapellenweg zieht sich spiralförmig den Hügel hinauf, der sich in der Mitte der Halbinsel Orta San Giulio am Ostufer des Sees erhebt. Interessant ist, dass das Phänomen der sogenannten Heiligen Berge nur im Nordwesten Italiens zu finden ist. Das Erwandern dieser Heiligen Berge ist fast immer landschaftlich sehr reizvoll.

WEITERE INFORMATIONEN

www.sacrimonti.org
www.lagodorta.piemonte.it (auch in Englisch)

← Ortasee mit einer der schönsten und kleinsten Inseln ganz Italiens.
↑ Von Orta San Giulio setzen die Boote zur Isola San Giulio über.

44

MAILANDS TEATRO LA SCALA

MEHR ALS NUR EIN OPERNHAUS

Die Italiener nennen es »La Scala«. Das Opernhaus der lombardischen Metropole Mailand gilt als das erste Musiktheater des Landes, was so nicht unbedingt der Realität entspricht. Unbestritten handelt es sich aber um ein Opernhaus mit großer Geschichte und von erstklassiger musikalischer Qualität.

Alljährlich am 7. Dezember ist es so weit: Die Damenfriseure Mailands arbeiten auf Hochtouren, denn die Termine bei ihnen sind seit Wochen ausgebucht. Das gilt vor allem auch für Spitzenrestaurants im gesamten Zentrum Mailands.

Am späten Nachmittag fahren Luxuslimousinen auf dem Platz vor dem Opernhaus vor. Unter den Blicken vieler Neugieriger, die auch bei eiskaltem Wetter vor dem Haupteingang ausharren, um Stars und VIPs zu sehen und sich vielleicht mit ihnen für ein Selfie abzulichten.

Das mondänste Opernereignis Italiens

Der 7. Dezember ist der traditionelle Beginn der neuen Opernsaison am Teatro La Scala und der wichtigste gesellschaftliche Event Mailands überhaupt. Der Zuschauersaal des Theaters wird mit Zigtausenden frischen Blumen geschmückt, und in der Regel kommen der Staatspräsident und Regierungsmitglieder aus Rom angereist. Sogar Angela Merkel war als Bundeskanzlerin bei einem dieser feierlichen Abende zugegen. An diesem mondänen Abend des Öfteren Damen in Pelzmänteln zu sehen sind, kommt es immer wieder zu lautstarken Protesten, weshalb es dann ein starkes Polizeiaufgebot gibt, um die feierliche Atmosphäre nicht durch eventuelle Randalierer stören zu lassen.

Wer nach Mailand kommt, das nötige Kleingeld und einen Smoking bzw. eine lange Abendrobe im Koffer mit dabeihat, der sollte sich die erste Premiere einer neuen Saison gönnen. Mailand präsentiert sich an diesem Abend von seiner elegantesten Seite. Aber auch die »normalen« Opernabende an der Scala sind ein Genuss und unbedingt zu empfehlen.

Opernhaus von kaiserlichen Gnaden

Unbestritten ist La Scala mit ihren 2030 Sitzplätzen eine der besten Opernbühnen der Welt. Errichtet wurde das Theater 1776 nach dem Feuer in einem Vorgängerbau. Damals war die Lombardei österreichisch, und Kaiserin Maria Theresia ließ die eine Kirche abreißen und beauftragte den Architekten Giuseppe Piermarini mit einem klassizistischen Neubau. Im Zweiten Weltkrieg wurde La Scala schwer beschädigt, aber in erstaunlich kurzer Zeit rekonstruiert. 2004 sorgte der Schweizer Stararchitekt Mario Botta für eine technische Überholung im Bühnenraum. Dabei entstand der 38 Meter hohe Bühnenturm, der besonders eindrucksvolle Inszenierungen erlaubt.

← Das Teatro La Scala gilt immer noch als bestes Opernhaus Italiens.
↓ Sehr exklusiv: eine der Logen des Mailänder Opernhauses.

INFO

SCHATZTRUHE

Nicht weit von der Scala entfernt, rund 200 m Fußweg, präsentiert das Museo Poldi Pezzoli, ein Privatmuseum, seinen Kunstschatz: Meisterwerke von Malern wie Botticelli, Raffael, Ribera, Lucas Cranach dem Älteren (mit seinem berühmten Doppelporträt von Martin Luther und seiner Frau Katharina von Bora) und von vielen anderen Künstlern der Renaissance und des Barocks. Gezeigt wird die eindrucksvolle Sammlung des Mailänder Unternehmers Gian Giacomo Poldi Pezzoli. Drei Jahre nach seinem Tod wurde, so sein Testament, die Kunstsammlung 1881 für die Öffentlichkeit zugänglich gemacht. Rund 3000 Objekte sind in einem Palazzo untergebracht, darunter auch Objekte aus Porzellan und Muranoglas sowie Juwelen u. v. m.

WEITERE INFORMATIONEN

www.teatroallascala.org/
www.museopoldipezzoli.it

45

NATURPARADIES ISCHIA

NICHT NUR THERMALBAD-IKONE

Es gibt Deutsche, die alljährlich für eine Woche zum Kuren nach Ischia reisen, Italiens Kurparadies mit südlichem Charme und subtropischen Gärten. Doch die Insel hat viel mehr zu bieten als nur tolle Thermen und reizvolle Kurhotels. Vor allem im Herbst, wenn die kurenden Massen abgereist sind.

Altkanzlerin Angela Merkel scheint Ischia zu mögen. Seit Beginn des Jahrtausends reist sie immer wieder auf die Insel im Golf von Neapel, und fast immer wohnt sie zusammen mit ihrem Mann Joachim Sauer in dem kleinen Hotel Miramare. Das ist kein Luxushotel, italienische Politiker-VIPs würden bei so einer Herberge nur ihre verwöhnten Nasen rümpfen. Nicht aber Signora Merkel, die dieses Hotel auf einem Felsen bei der Ortschaft Sant'Angelo zu mögen scheint.

Die »Santa Angela di Ischia«, die Heilige Angela von Ischia, wie einige Einwohner augenzwinkernd den hohen und herzlichen willkommenen Staatsgast nennen, geht viel wandern, besichtigt historische Orte und lässt es sich in den Thermenanlagen gut gehen.

Antikes Thermalzentrum

Seit mehr als 2000 Jahren kommen gestresste und erholungsbedürftige Menschen nach Ischia, um es sich im warmen Heilwasser gut gehen zu lassen und Heilung zu finden. In diesem heute wichtigen europäischen Thermalzentrum kurten, das belegen archäologische Funde, schon die ersten Inselbewohner im 8. Jahrhundert v. Chr. Altgriechische Krieger (ihr Volk hatte Neapel gegründet) heilten in Ischias Thermen ihre Wunden aus. Die Römer dann errichteten prächtige Thermenanlagen mit Tempeln und allem Luxus, den man im Römischen Reich liebte. Mit dem Ende des Römischen Reichs wurde es still auf der Kurinsel. Erst während der Renaissance kamen die ersten Kurgäste wieder, und ab dem 19. Jahrhundert war es Mode, nach Ischia zu reisen, und sich im Heilwasser zu aalen.

← Burgberg und mittelalterliche Befestigungsanlagen auf Ischia.
→ Vulkanische Felsformationen im Meer direkt bei Ischia.

Naturparadies mit tropischen Gärten

Es war übrigens eine Deutsche, die 1932 den Familiensitz ihres italienischen Mannes in das erste Hotel von Sant'Angelo d'Ischia umbaute, das besagte Hotel Miramare von Signora Merkel. So richtig touristisch, vor allem im Sommer, wurde es ab den 1960er-Jahren, als der italienische Jetset die Insel zum stilvollen Kuren entdeckte.

Im Herbst wird es etwas ruhiger auf der Insel, und man kann die Thermalanlage ohne viel Rummel genießen. Aber Ischia ist auch ein Naturparadies. Die Strände sind herrlich und fast nie weit entfernt. Zauberhaft ist der Botanische Garten Giardino della Mortella bei Forio. Geschaffen wurde dieses Paradies auf Erden von dem britischen Komponisten Sir William Walton: ein subtropischer Garten mit seltenen Pflanzen und Bäumen, mit Teichen, Pavillons, Brunnen und der einstigen Villa des Briten. Dieser und alle anderen Orte Ischias sind bequem mit einem Moped zu erreichen. Casco (also Helm) aufgesetzt, und los geht's!

INFO

AUF DEN MONTE EPOMEO

Man sieht ihn schon vom Festland aus, den Monte Epomeo. Um seinen sonnigen Gipfel in 780 m Höhe zu erreichen (und das am besten im Herbst, wenn man nicht mehr so schwitzen muss wie im Sommer), geht es durch eine bizarre Felslandschaft, die man auf Ischia so nicht vermuten würde. Ein kurioser Berg, der von Weitem wie eine seitlich geneigte Pyramide aussieht – und ein Wanderparadies: Der Blick von oben auf die Insel, auf Neapel und den Vesuv, auf Capri und die Küste von Sorrent ist umwerfend. Ob auch Altkanzlerin Merkel hier hinaufgestiegen ist, weiß man nicht, kein Paparazzo lichtete sich beim ischitanischen Bergwandern ab.

WEITERE INFORMATIONEN

Botanischer Garten Giardino della Mortella: www.lamortella.org

→ Poseidons Therme auf der Insel Ischia lädt zum Entspannen ein.

Skifahren mit atemberaubenden Panoramen in den italienischen Alpen.

WINTER

Wenn es ruhiger und einsamer wird

46

SCHNEEREICHES CORTINA D'AMPEZZO

WINTERURLAUB VOM FEINSTEN

Im Winter nach Cortina d'Ampezzo (oder wie Insider kurz sagen: nach Cortina) – kein anderer italienischer Winterferienort ist so dauerhaft »in« wie diese schmucke Ortschaft, umgeben von einer atemberaubend schönen und eindrucksvollen Berglandschaft.

WINTER

Wenn es ruhiger und einsamer wird

46

SCHNEEREICHES CORTINA D'AMPEZZO

WINTERURLAUB VOM FEINSTEN

Im Winter nach Cortina d'Ampezzo (oder wie Insider kurz sagen: nach Cortina) – kein anderer italienischer Winterferienort ist so dauerhaft »in« wie diese schmucke Ortschaft, umgeben von einer atemberaubend schönen und eindrucksvollen Berglandschaft.

Cortina d'Ampezzo liegt in 1211 Metern Höhe im Valle del Boite und ist von den herrlichen Ampezzaner Dolomiten umgeben. Der Gipfel des Tofane di Mezzo misst stolze 3244 Meter und der Monte Cristallo 3221 Meter – Bergriesen, im Winter schneeweiß und zauberhaft. International berühmt wurde der kleine Ort mit heute knapp 5800 Einwohnern 1956 als Austragungsort der Olympischen Winterspiele. Seitdem dominiert der Ski- und Sommertourismus.

Stylisches Dolomitenflair

Die alten Bauernhäuser wurden ab den 1950er-Jahren zu mondänen Ferienresidenzen umgebaut, gestylt von bekannten Architekten und Designern. Wer keinen ortstypischen Altbau mehr zum Aufkaufen und Restaurieren fand, errichtete sich eine prächtige Neubau-Villa. Es entstanden mondäne Boutiquen, Lokale, Restaurants und Kaffeebars sowie 5-Sterne-Hotels, wie z. B. das große und schicke Hotel Cristallo, seit Beginn des 20. Jahrhunderts eines der ersten Häuser am Platz. Der Ortskern von Cortina präsentiert sich als mondän, herausgeputzt und nicht gerade preiswert.

Doch einmal abgesehen von dem großen und auch teuren Komfort, den man in Cortina im Winter wie im Sommer genießen kann, ist die geografische Lage dieses berühmten Ferienorts einfach traumhaft. Ausflüge mit Pferdeschlitten, Skiwanderungen oder Spaziergänge auf den gut ausgeschilderten Winterwanderwegen rund um Cortina sind Highlights eines hiesigen Winterurlaubs. Wer es hingegen etwas weniger mondän mag, der kann außerhalb von Cortina eine Ferienwohnung oder ein Hotelzimmer buchen.

Urlaubsparadies des österreichischen Adels

Cortina hat eine interessante Geschichte. Vom 6. Jahrhundert bis 1918 wurde die Ortschaft nach den sogenannten Regules regiert, eine Form kommunaler Selbstverwaltung, die unter der Herrschaft der Langobarden verliehen wurde. Bis ins 19. Jahrhundert hinein war Cortina recht verschlafen. Das änderte sich unter der österreichischen Herrschaft: Der Adel aus der k.u.k.-Monarchie und das gehobene Bürgertum entdeckten Cortina als Sommerfrische zum Wandern. Die »Perle der Dolomiten«, wie sie damals bereits genannt wurde, war im damaligen Österreich sehr gefragt.

Heute präsentiert sich Cortina wunderschön und komplett restauriert – die Pfarrkirche SS. Filippo e Giacomo aus dem 18. Jahrhundert mit ihrem großen Glockenturm wirkt fast wie neu. Wenn im Winter hier überall Schnee liegt und das Wetter klar ist, kann man sich nur wenige reizvollere Orte in den Dolomiten vorstellen als Cortina d'Ampezzo. An nur wenigen anderen Orten der Dolomiten kommen wie hier absoluter Komfort und Winterstimmung zusammen.

INFO

SEENPARADIES

Cortina ist von verschiedenen Bergseen umgeben, einer schöner als der andere. Auf einem mittelschweren Wanderweg (rund 2 km) ist z. B. der Lago di Sorapis zu erreichen mit türkisblauem Wasser und umgeben von einer atemberaubenden Bergwelt. Zu den schönsten Bergseen gehört auch der Lago Federa, zu dem man mit einer dreistündigen Wanderung gelangt. Hier bieten sich umwerfende Blicke auf Dolomitengipfel wie den Monte Cristallo. Vom Lago di Limides (ca. 45 Min. einfach) schweift der Blick direkt auf das herrliche Bergmassiv der Tofana di Rozes.

WEITERE INFORMATIONEN

www.miacortina.it (auch in Deutsch)

← Wolken umspielte Dolomitengipfel direkt beim mondänen Cortina.
↑ Einsam gelegene Bergseen, bequem über Wanderwege zu erreichen.

47

STILLES MANTUA

EINST FÜRSTENRESIDENZ, HEUTE FLANIERVERGNÜGEN

Gleich drei Seen umgeben dieses architektonische Stadtjuwel. Ein Ort, der vor allem bei schlechtem Wetter, bei Nieselregen und Nebel ungemein verzaubert und verwunschen wirkt. Mantua ist voll des Charmes vergangener Jahrhunderte, der vor allem bei Spaziergängen entdeckt werden kann.

In der kleinen und malerisch von Wasser umgebenen Altstadt auf der Halbinsel gibt es so viele historische und ausgezeichnet erhaltene Bauwerke, dass sie 2008 in die Liste der UNESCO-Weltkulturgüter aufgenommen wurde – genug Besichtigungsstoff für zwei volle Tage.

Bei den Verheirateten

Das politische Zentrum Mantuas war lange Zeit der mächtige Palazzo Ducale: Von hier regierten die Gonzaga ihren Zwergstaat. Errichtet im 14. Jahrhundert und immer wieder ausgebaut, verfügt dieser Palazzo heute über rund 450 Räume. In einem davon kann eines der berühmtesten und bekanntesten Freskenbilder der gesamten italienischen Kunstgeschichte besichtigt werden. Es war der Renaissancemaler Mantegna, der Mitte des 15. Jahrhunderts die »Camera degli sposi«, das Zimmer der Verheirateten, schuf: Wandmalereien bedecken hier bis zum Fußboden sämtliche Flächen, und das Deckengemälde zeigt einen offenen Himmel und Personen, darunter auch Putten, die auf den Betrachter hinabschauen.

Teatro Scientifico und Palazzo del Te

Eines der sicherlich kuriosesten und einzigartigsten Bauwerke Italiens ist das Teatro Scientifico. Der Name (Wissenschaftliches Theater) erinnert an jene Zeit in der Renaissance, als Mediziner Operationen vor Publikum durchführten. In verschiedenen historischen Universitäten Italiens befinden sich noch heute solche »Theatersäle«. Das Mantovaner Teatro Scientifico, 1769 eingeweiht, präsentiert sich dem Besucher als eine Art Opernhaus mit vier Rängen. Entworfen wurde es von Antonio Galli Bibbiena, dem berühmtesten Bühnenbildner des Rokokos.

Im Süden der Altstadt und bequem durch die fast schnurgerade Via Roma zu erreichen (die dann zur Via Principe Amadeo wird), erhebt sich ein bauliches Meisterwerk: Der Maler Giulio Romano, ein Schüler von Raffael, entwarf jenes Lustschloss, das wegen seiner Lage auf der Isola del Teieto Palazzo del Te genannt wird. Es handelt sich um eines der schönsten Beispiele der Architektur des italienischen 16. Jahrhunderts. Der reckteckige Bau ist von einem umbauten Innenhof und verschiedenen Gärten umgeben. Maler der Spätrenaissance schufen die eindrucksvollen Fresken, auf denen Bankette mit griechischen Göttern und lebensgroße Pferde sowie überlebensgroße Giganten zu sehen sind. Ein Wandschmuck der Superlative.

← Dieser Anblick hat sich in den vergangenen 500 Jahren nicht verändert.
↓ Renaissancefresken im architektonisch kuriosen Palazzo del Te.

INFO

WASSERWEGE RUND UM MANTUA
Die Barcaroli, die Schiffsleute von Mantua, bieten reizvolle Ausflüge nicht nur auf dem See, sondern auch über den Fluss Mincio an, der westlich der Stadt verläuft. Vom Wasser aus ist der Blick auf das historische Mantua wunderschön. Die Barcaroli sul Mincio locken mit Ausflügen etwa von Mantua nach Rivalta, in ein Naturschutzgebiet, das als eines der bekanntesten Norditaliens gilt. Reizvoll ist auch der Besuch von Grazie di Curtatore, einem uralten Fischerdorf, in dem Bernardo Bertolucci sein berühmtes Filmdrama »Novecento« drehte – in einer bukolischen Landschaft mit Sümpfen, Reihern und zahlreichen anderen Wasservögeln.

WEITERE INFORMATIONEN
www.mantova.com
Palazzo del Te: www.palazzote.it
Barcaroli-Touren: www.fiumemincio.it

48

BEFANA, DIE GUTE HEXE

RAUNÄCHTE ALL'ITALIANA

Rom ist das Zentrum des Christentums, und Italien eines der katholischsten Länder der Erde – und doch gibt es auch hier noch Bräuche, mit denen die Geburt Christi gefeiert wird, die eher an heidnische Kulte denn an kirchenkonforme Glaubenstraditionen erinnern.

Im norditalienischen Lecco werden am 6. Januar nicht die Heiligen Drei Könige gefeiert, wie z. B. in Deutschland, hier kommt die Befana, die gute Hexe, zu Besuch. Das ganze Städtchen steht dann kopf: Eine Blaskapelle spielt, ein Kinderchor singt, und die gesamte Bevölkerung ist auf den Beinen, wenn ein altes schrulliges Mütterchen mit dicken Warzen im Gesicht und einem Besen unter dem Arm erscheint und an die Kinder kleine Geschenke verteilt.

Winterliche Fruchtbarkeitsriten

Befana-Feste wie in Lecco werden am 6. Dezember in ganz Italien organisiert. Das Wort Befana leitet sich vom griechischen Ephifania ab, was so viel wie Erscheinung bedeutet. Traditionellerweise bringt die Befana Kindern kleine Geschenke in der Nacht vom 5. auf den 6. Januar. Die Existenz der Befana leitet sich, so Kulturanthropologen, von winterlichen und heidnischen Fruchtbarkeitsriten der Antike ab, die in Italien schon von der frühchristlichen Kirche mehr oder weniger akzeptiert wurden.

Seit einiger Zeit begehen, vor allem im ländlichen Italien, einige Menschen auch wieder ganz andere und uralte Riten, die nur zwischen dem ersten Advent und dem 6. Januar stattfinden. Wie etwa in einem Wald bei Perugia in Umbrien. Mitglieder einer neoheidnischen Vereinigung – von denen es in Italien seit Jahren immer mehr gibt – lassen vorchristliche Bräuche mit Feuer und Musik wieder aufleben. Die Wintersonnenwende und Sol Invictus werden gefeiert, der Sonnengott der antiken Mythologie. Die alten Römer ehrten ihn am 25. Dezember; aus diesem paganischen Fest machte die frühe Kirche einen christlichen Feiertag, die Geburt des Gottessohnes – ein weiteres Beispiel für die Transformation heidnischer Bräuche in christliche.

Gaben gegen böse Geister

In Süditalien hingegen existieren immer noch in einigen wenigen Gegenden Bräuche, bei denen in katholischen Kapellen und Heiligtümern kleine Gaben in Form von zumeist selbst zubereiteten Lebensmitteln, vor allem Backwaren, geopfert werden. Dieser Brauch erinnert an die auch in Nordeuropa bekannten Raunächte – an jene Zeitspanne also, die zwischen den Weihnachtstagen und der Erscheinung des Herrn am 6. Januar liegt. In dieser Zeit, so berichten uralte Sagen, stehe das Geisterreich offen, die Seelen der Verstorbenen hätten quasi Ausgang, und Dämonen könnten Böses anrichten. Ein Volksglaube, der sich im Süden Italiens bis heute gehalten hat. Mit dem Opfern von Backwaren sollen die bösen Geister besänftigt und vertrieben werden.

INFO

HEXENMÄRKTE

Auch in Italien gibt es Weihnachtsmärkte, eine Tradition vor allem des deutschsprachigen Südtirols. Eine italienische Besonderheit sind allerdings die Mercatini della Befana, die Märkte der Befana-Hexe. Als ebendiese verkleidet, verschenken oder verkaufen Menschen Leckereien, und es ist Brauch, ab dem 1. Januar diese Märkte mit der ganzen Familie zu besuchen. Im Grunde genommen handelt es sich um eine Sonderform der Weihnachtsmärkte, doch faszinieren diese hier neben Krippeninstallationen auch mit Hexenfiguren.

WEITERE INFORMATIONEN

Wissenswertes zum Weihnachtsfest in Italien: www.italien.de

← Viele Städte zelebrieren auf witzige Weise die Ankunft der guten Befanahexe.
↑ Festlicher Umzug am Tag der Befanahexe.
↑ Auf den Weihnachtsmärkten werden natürlich Befana-Puppen feilgeboten.

49

VENTIMIGLIA UND SAN REMO

SONNENBADEN AN DER RIVIERA – AUCH IM WINTER

Berühmt für ihre milden Winter ist nicht nur die französische, sondern auch die italienische Riviera, die fast zeitgleich mit ihrem französischen Pendant zunächst von englischen Adeligen touristisch wach geküsst wurde.

Ventimiglia an der ligurischen Riviera bietet neben recht warmen winterlichen Temperaturen natürlich auch ein reizvolles Centro storico, Spazierwege am Meer und zahlreiche gute Trattorien, in denen ausgezeichnete Fischgerichte serviert werden, sowie einen der schönsten Gärten Italiens.

Nachdem Sir Thomas Hanbury mit dem Handel von Tee steinreich geworden war, entschied er sich, wie viele seiner gut betuchten Landsleute, an der damals ungemein hippen italienischen Riviera, am Capo Mortola bei Mortola Inferiore, Grund und Boden zu erwerben und sich standesgemäß niederzulassen. Aber anders als die meisten britischen Dauerurlaubsgäste an der Riviera baute Hanbury den 18 Hektar großen Park seiner Villa Hanbury zu einem Paradiesgarten um, der seit 2006 zum Weltkulturgut der UNESCO zählt.

Ein botanischer Traumgarten

In den Hanbury-Gärten kommen Naturfreunde ins Schwärmen. Der Teehändler und seine Mitarbeiter und Nachkommen kauften, was die vollen Geldbörsen hergaben, um auf dem Grundstück am Meer etwa 6000 Pflanzen- und Baumarten anzusiedeln. Allein 114 Agavenarten finden sich hier. Beim Aufbau seiner einzigartigen Sammlung ließ sich Hanbury auch von zwei deutschen Botanikern beraten, von Ludwig Winter und Alwin Berger.

← Kirche russischer Exilanten, die sich nach der Revolution in San Remo niederließen.

Bis zum Zweiten Weltkrieg war der Garten im Besitz der Hanburys. 1960 wurde der Gartenkomplex mit Villa vom italienischen Staat aufgekauft und untersteht heute der Universität Genua.

Nicht nur Schlagerhochburg – San Remo

Bei San Remo denken die meisten Italiener an das alljährlich im Februar stattfindende Schlagerfestival, Italiens meistgesehener TV-Event. Die Kleinstadt an der Riviera hat aber noch viel mehr zu bieten und gehört immer noch zu den schicksten Adressen an der gesamten Küste.

San Remo wurde in der zweiten Hälfte des 19. Jahrhunderts berühmt, als es für Adel und reiches Bürgertum chic war, an der italienischen Riviera die besonders milden Winter zu verbringen. Doch diese grandiose Zeit ist längst vorbei, und San Remo strahlt heute einen manchmal verschlafenen, leicht morbiden Charme aus, der bei nicht wenigen Besuchern dennoch sehr beliebt ist. Einige prächtige Hotels, das Casino und die vielen Villen in Küstennähe erinnern an die einstige Präsenz von Aristokraten und Künstlern, darunter auch der russische Komponist Tschaikowsky. Die Uferpromenade Corso dell'Imperatrice war und ist immer noch *die* Bummelmeile.

Einer der Mittelpunkte San Remos ist das Casino. Das elegante Bauwerk erhebt sich am Corso degli Inglesi, einer Panoramastraße, die in zahlreichen Kurven am Hang oberhalb der Küste verläuft. Das Casino wurde 1906 im Jugendstil errichtet, der in Italien Liberty genannt wird. Ganz in der Nähe verweisen die Zwiebeltürme der großen russisch-orthodoxen Kirche auf die vielen Russen hin, die sich vor allem nach der russischen Revolution 1917 eine Zeit lang in San Remo niederließen. Vom Corso Garibaldi mit seinem hübschen Blumenmarkt empfiehlt sich ein Spaziergang durch die reizvolle Altstadt.

Das Labyrinth von La Pigna

La Pigna, der Pinienzapf, das ist der traditionelle Name von San Remos Altstadt. Sie liegt etwas abseits der Küste auf einem Hügel und ist weitgehend in ihrem ursprünglichen Zustand geblieben. La Pigna erinnert an jene Zeiten, als Orte wie San Remo über dem Meer eine strategisch wichtige Position hatten, um die gerade im Mittelalter marodierenden sarazenischen Schiffe rechtzeitig ausmachen zu können und die Plünderungen der Fischerorte wie San Remo zu bekämpfen.

La Pigna ist etwas für gute Fußgänger. Kleine und kleinste Gassen, Treppen und Treppchen, Plätze, Wohnhäuser und Paläste, stille Winkel und kleine Cafés und Geschäfte machen aus der Altstadt ein verführerisches urbanes Labyrinth zum Entdecken.

Oberhalb von La Pigna wurde das Santuario della Madonna della Costa errichtet, ein katholisches Heiligtum für die Madonna, die die Küste vor Angreifern bewahren sollte. Der Sakralbau war auch die beste Position, um feindliche Schiffe schon von Weitem ausmachen zu können. Das auf 107 Metern Höhe stehende Bauwerk erhielt sein heutiges Aussehen im späten 18. Jahrhundert. Der Panoramablick von hier oben auf San Remo und die Küste ist schlichtweg umwerfend.

Woche des Schlagerfestivals

San Remo präsentiert sich dem Besucher in der Regel als ruhige und angenehme Kleinstadt. Nur im Februar geht es eine Woche lang hektisch zu, wenn Hunderte von Journalisten, VIPs und Popstars nicht nur aus Italien, sondern auch hoch bezahlte Superstars als Special Guests zum Festival della Canzone italiana anreisen – neben zahlreichen Italienern aus der Umgebung, die dann gern VIP-Watching betreiben.

Für Freunde italienischer Popmusik ist die Woche des Schlagerfestivals ein echter Event, denn nirgendwo sonst bekommt man in Italien so viele auch im deutschen Sprachraum bekannte und beliebte Stars an einem Ort zu sehen und zu hören. Und: Wer irgendwann keine Lust mehr auf Musik hat, kann an den Stränden San Remos und der gesamten Riviera ein warmes Winter-Sonnenbad nehmen.

↖ Loggia in einer Villa oberhalb der Küste von San Remo.
← Die prächtige Fassade des städtischen Spielcasinos.
↗ Künstlerisches Durcheinander in Bussana Vecchia im ligurischen Hinterland.

INFO

IM DORF DER KÜNSTLER UND AUSSTEIGER

An der Straße von San Remo nach Arma di Taggià befindet sich in rund 200 m Höhe ein Kleinod der ligurischen Küste, umgeben von Wäldern und Tälern: Bussana Vecchia ist eine malerische ehemalige Geisterstadt. Im Februar 1887 wurde der Ort von einem schweren Erdbeben zerstört (einer der Überlebenden, ein gewisser Giovanni Torre del Merlo, erfand im Übrigen die Eiswaffel). Lange war Bussana Vecchia nur eine Ruine, die sich die Natur langsam zurückeroberte. In den 1950er-Jahren nutzten dann italienische Wanderarbeiten die Ruinensiedlung, wurden aber von den Behörden vertrieben. 1960 kam ein italienischer Künstler und ließ sich in Bussana nieder – seitdem ziehen italienische und ausländische Aussteiger und Künstler in die Ruinen und restaurieren sie. In dem Künstlerdorf finden sommers Konzerte und Ausstellungen statt. Ein Besuch ist aber auch im Winter sehr reizvoll, schon deshalb, weil man sehen kann, wie aus einem verlassenen Dorf wieder ein lebendiges Zentrum wurde mit Bars, Geschäften und Restaurants. Schön weil leer ist dieses Dorf vor allem abends.

WEITERE INFORMATIONEN

Villa Hanbury in Ventimiglia:
www.giardinihanbury.com

50

UMBRIENS PERLE – ASSISI

MITTELALTERLICHE SCHÖNHEIT IM WINTERZAUBER

Nur in einer Jahreszeit ist Assisi wirklich nicht überlaufen: Wohl nur im Winter übt diese Kleinstadt im mittelitalienischen Umbrien einen faszinierenden Reiz aus, dem man sich nur schwer entziehen kann.

Assisi, da fällt den meisten der Heilige Franziskus ein. Wer schon einmal in der umbrischen Kleinstadt war, wird sich an die beeindruckenden Basiliken San Francesco und Santa Chiara mit ihren herrlichen Wandmalereien von Giotto und Cimabue aus dem Hochmittelalter erinnern.

Assisi ist eben nicht nur das Ziel von kunstinteressierten Reisenden, die die Gotteshäuser, das Amphitheater aus dem 1. Jahrhundert v. Chr., die Kunstsammlung Pinacoteca Comunale und die ausgezeichnet erhaltene Altstadt besichtigen wollen – nach Assisi kommen auch sehr viele Pilger, besonders zu den hohen religiösen Festtagen wie auch zu den interreligiösen Gebetstreffen, die Papst Franziskus hier organisiert.

Charmantes massenfreies Assisi

Die meisten der Besucher, genauer gesagt fast alle, kommen zwischen Frühling und Herbst, und in diesen Monaten kann es dann sehr voll werden in Assisi, wenn sich Busladungen von Touristen und Pilgern durch die Gassen schieben und auf den Plätzen und in den Cafés kein freier Platz findet. Deshalb sollte man im Winter anreisen, wenn teils recht scharfe und nicht selten eisige Winde durch die Gassen wehen. Es kann regnen und sogar schneien. Das liest sich sicherlich nicht gerade einladend, aber der Charme und die Romantik von Assisi in den Wintermonaten ist unschlagbar. Vorausgesetzt, man zieht sich warm an und hat immer einen Schirm dabei.

Was macht denn nun den Charme und die Romantik Assisis aus? Der Umstand, dass die Stadt im Winter fast nur von Einheimischen frequentiert wird, erzeugt eine ganz besondere Atmosphäre und man kann vor allem ganz in Ruhe die historischen Monumente besichtigen.

Über den Wolken

Da Assisi auf rund 430 Metern Höhe an einem Berg liegt, können Winterbesucher bei einem besonderen Luftdruck ein sehr kurioses Winterwetter-Phänomen erleben. Dann kann es morgens sein, dass man aus dem Fenster Richtung Tal und Ebene schaut und sprachlos staunt: Verschwunden ist alles Irdische, zu sehen gibt es nur ein Meer aus flachen Wolken. Bis zum Horizont hin. Assisi scheint zu schweben über diesem Wolkenmeer, umstrahlt von einer hellen Wintersonne. Ein umwerfender und unvergesslicher Anblick!

Im Winter sollte man bei Assisi wandern gehen: Gut ausgeschilderte Wege führen in der direkten Umgebung in die Natur, Panoramablicke sind garantiert und zu besichtigen gibt es neben den städtischen auch Kirchen und Kapellen mitten in den Wäldern. Natur und Kultur kommen auf faszinierende Weise zusammen.

INFO

KAPELLE VON EINER KIRCHE UMGEBEN

Unterhalb von Assisi steht die Basilika di Santa Maria degli Angeli aus dem 16. Jh. In der großen barocken Kirche erhebt sich in der Mitte eine bescheidene Kapelle, Porziuncola genannt – sie ist einer der wichtigsten Orte der Franziskuslegende und -verehrung. In diesem schlichten Bauwerk aus dem 13. Jh. soll der Heilige seine Bestimmung erfahren und Santa Chiara und seine ersten Anhänger versammelt haben. In der ebenfalls in der Basilika enthaltenen Cappella delle Rose soll Franziskus gewohnt haben, und in der Cappella del Transito starb der Heilige am 3. Oktober 1226.

WEITERE INFORMATIONEN

www.visit-assisi.it (auch in Englisch)
www.porziuncola.org

↖ Im Innern von Santa Maria degli Angeli wird die Kapelle des Heiligen Franziskus aufbewahrt.
↑ Malerische Straße in der Altstadt von Assisi.

51

DIE ERSTE MODERNE STADT – FERRARA

RENAISSANCETRAUM IN DER EMILIA ROMAGNA

Ferrara ist eine der Kunst-Hochburgen Italiens. Hier wirkten Künstler wie Piero della Francesca, Literaten wie Ariost und Musiker wie Girolamo Frescobaldi. Der deutsche Historiker Jacob Burkhard nannte sie »Europas erste moderne Stadt« – ein Ort, an dem am Ende des Mittelalters viel Neues gewagt wurde.

Die meisten Film- und Literaturliebhaber kennen Ferrara, und zwar aus dem Roman »Die Gärten der Finzi-Contini« von Giorgio Bassani von 1962 bzw. dem gleichnamigen Film von 1970 mit Helmut Berger und Fabio Testi in den Hauptrollen. Die Geschichte um eine reiche jüdische Familie, die nach Einführung der Rassengesetze in Italien 1938 ausgegrenzt und später von den Deutschen verschleppt wurde, machte Ferrara unter Literatur- und Filmliebhabern weltberühmt.

Magische Atmosphäre

Das Flair einer Kleinstadt in der Emilia Romagna, das im Roman und im Film vorherrscht, wo die Uhren anders gehen, es ruhig und beschaulich ist, das findet man auch heute noch. Vor allem im Winter, wenn nicht selten dichter Nebel in der Altstadt eine magische Atmosphäre erzeugt, der man sich nur schwer entziehen kann.

Ferrara ist von einer mittelalterlichen Stadtmauer umgeben, und die Schätze der Stadt liegen innerhalb dieser Mauern. Man sollte zu Fuß die Stadt erkunden oder, sehr reizvoll, mit dem Rad. Die Kathedrale an der Piazza Cattedrale zeigt pure Romanik im italienischen Stil mit Gestaltungsteilen aus der Frührenaissance des 15. Jahrhunderts. Der Glockenturm ganz aus Marmor wurde im 16. Jahrhundert errichtet. Im Inneren und im Museo del Duomo wird viel sakrale Kunst geboten: wichtige Gemälde, Skulpturen und Wandteppiche bedeutender Künstler, wie etwa Guercino und Jacopo della Quercia.

Paläste- und Museen-Reichtum

Ferrara wird von einigen wenigen schnurgeraden, von prächtigen Bauwerken flankierten Straßen durchzogen. Weitere historische Häuser sind im Gassengewirr der Altstadt zu entdecken. Beim Rundgang fallen Bogengänge und überbrückte Gassen auf: Im Mittelalter baute man, um Platz zu gewinnen, die Häuser auch über die Straßen.

Der Palazzo Schifanoia aus dem 15. Jahrhundert gilt als eines der schönsten Bauwerke der Stadt. In ihm ist das Museo Civico untergebracht: Die Familie d'Este, die lange über Ferrara herrschte, war eine der kunstsinnigsten Sippen der italienischen Renaissance und lockte als Mäzene viele Künstler in die Stadt. Im Museum findet sich einer der bedeutendsten

→ Cattedrale San Giorgio in Ferrara: eine der schönsten mittelalterlichen Fassaden Italiens.

Freskenzyklen Norditaliens, und der Saal der Monate zeigt großflächige Monatsbilder mit Allegorien. Sie sind ein Werk verschiedener Ferrareser Künstler aus der zweiten Hälfte des 15. Jahrhunderts.

Das Archäologische Museum, auch ein kunsthistorischer Leckerbissen, ist nicht weit entfernt im Palazzo di Ludovico il Moro untergebracht. Der Palast wurde 1495 nach einem Entwurf des Renaissancebaumeisters Biagio Rossetti errichtet. Sarkophage und Kunstwerke der Etrusker und der Römer werden hier gezeigt.

Beim Rundgang durch Ferrara stößt man auf viele Paläste. Sie gehörten nicht nur Adeligen, sondern auch sehr reichen Kaufleuten. Am lebhaften Corso della Giovecca findet man gleich mehrere solcher Stadtpaläste, und in der Palazzina di Marfisa von 1559 kann die Residenz einer Adligen besichtigt werden, voll mit antiquarischen Möbeln und Musikinstrumenten.

Wasserburg und Palazzo dei Diamanti

Das weltliche Zentrum Ferraras bildet das Castello Estense, eine Wasserburg mitten in der Stadt mit einer Wehranlage aus dem 14. Jahrhundert und im Inneren mit ausgemalten Sälen. Von der Loggia degli Aranci hat man einen schönen Blick auf die Stadt. Kurios: die sogenannte Cappella calvinista, eine reich verzierte Kapelle direkt im Castello, die aber ganz ohne bildliche Darstellungen auskommt. Sie gehörte Renata von Frankreich, die als zweite Tochter von König Ludwigs XII. von Frankreich nach Ferrara verheiratet worden war. Obwohl ihr Gatte Ercole II. d'Este ein strammer Katholik war, blieb sie überzeugte Protestantin und Anhängerin des Reformators Calvin.

Nördlich des Castello und wie alle Highlights in Ferrara bequem zu Fuß zu erreichen, findet sich ein architektonisches Juwel von großer Eleganz: Der Palazzo dei Diamanti ist unbestritten eines der schönsten Bauwerke aus der Zeit der Familie d'Este und ein Hauptwerk der italienischen Renaissance. Seinen Namen verdankt das Gebäude aus dem späten 15. Jahrhundert seiner Fassade und deren eigenwilliger architektonischer Gestaltung: Die Fassade wurde auf Befehl des Bauherrn aus 12 600 einzelnen Marmorblöcken zusammengesetzt – deren Stirnseiten sind nicht, wie eigentlich üblich, flach, sondern pyramidenförmig und erinnern so an geschliffene Diamanten.

Jüdisches Kulturgut

In Ferrara lebten jahrhundertelang Juden. Die d'Este und andere Herrscherfamilien waren zwar keine ausgewiesenen Freunde der Juden, doch sie arrangierten sich mit ihnen, wohl wissend, dass dieser Bevölkerungsteil viel zum städtischen Wohlstand beitrug. Das hier erst seit wenigen Jahren existierende Nationalmuseum zum Judentum und zur Shoah, kurz MEIS, lohnt einen Besuch. Gezeigt wird anhand zahlreicher Ausstellungsobjekte der wirtschaftliche und kulturelle Einfluss jüdischer Ferraresen im Lauf der Jahrhunderte. Auch das Ende des friedlichen Zusammenlebens zwischen Christen und Juden in Ferrara wird nacherzählt – ein jähes Ende, wie es Schriftsteller Giorgio Bassani in seinem Roman beschrieb. Heute ist diese urtümliche Gasse eine der romantischsten Ferraras.

↖ Bibliothek in der Akademie der schönen Künste in Ferrara.
↖ Prächtige Wandbilder der Renaissance im Palazzo Schifanoia.
↗ Gar nicht selten: Schnee in der Altstadt von Ferrara.

INFO

DIE STRASSE DER BÖGEN

Die Via delle Volte, die Straße der Bögen, im Herz der Altstadt Ferraras ist rund 2 km lang und ein Straßenkuriosum: Vorbei an düsteren alten Gebäuden spaziert der Besucher unter den Bögen dahin, die mehrere Stockwerke von Häusern bilden, die man, um mehr Platz zu gewinnen, über die Straße baute. So entstand ein Tunneleffekt, der an düsteren Tagen, wenn es regnet oder – nicht selten in Ferrara – neblig ist, ungemein reizvoll ist. Auch in der Nacht, wenn die Straßen der Altstadt goldgelb beleuchtet werden, wirkt die Via delle Volte geheimnisvoll. Einige der Bögen wurden auch errichtet, um Kaufleuten die Möglichkeit zu geben, bequem von ihren Wohnhäusern aus in ihre Magazine und Geschäfte zu gelangen – ohne dafür die früher oft sehr schmutzige Straße zu benutzen.

WEITERE INFORMATIONEN

www.ferrarainfo.com
MEIS: www.meisweb.it
Palazzo dei Diamanti:
www.palazzodiamanti.it

52

EXKLUSIVES TAORMINA

STRANDSPAZIERGÄNGE UNTER MILDER WINTERSONNE

Wie an der italienischen Riviera ist auch das malerische Taormina an der sizilianischen Ostküste seit Langem ein begehrtes Winterreiseziel. So richtig kalt und regnerisch wird es nie, und das Überwintern war hier schon vor mehr als hundert Jahren in Mode.

Zunächst kamen die Engländer. Sie schienen immer schon ein ganz besonderes Gespür für zauberhafte Orte in malerischer Umgebung gehabt zu haben, an denen man in mildem Klima angenehm die Wintermonate verbringen kann. Und so war es die Engländerin Florence Trevelyan (1852–1907), die nach einer langen Reise, während der sie auch Sizilien und Taormina besuchte, an diesen in der zweiten Hälfte des 19. Jahrhunderts eher spröden, aber sehr schönen Ort zurückkehrte, der schon bald zum Ziel eines eleganten und elitären Tourismus wurde. Die Tochter aus gutem britischem Hause heiratete einen Chirurgen aus Bologna, der Bürgermeister von Taormina wurde. Das italo-englische Ehepaar schuf, wenn man so will, die Basis für einen exklusiven Tourismus.

Politischer und intellektueller Jetset

Miss Florence finanzierte aus eigener Kasse die Modernisierung und Vergrößerung des bis dato einzigen Hotels in Taormina. Und so wurde das Hotel Timeo das erste luxuriöse Hotel in der auf knapp 250 Metern Höhe gelegenen Ortschaft. Jetzt konnten sie kommen, die Schönen und Reichen. Die Miss kaufte auch die unten an der Küste vorgelagerte kleine Isola Bella, die von oben gesehen wie ein kleines Paradies wirkt, umspült von azurblauem Wasser.

Der internationale Jetset küsste Taormina wach: Neben dem britischen König Edward VII. kamen auch Kaisern Elisabeth von Österreich (Sisi), die Zarenfamilie und der deutsche Kaiser Wilhelm II. Und mit den politischen Schwergewichten der Zeit vor Ausbruch des Ersten Weltkriegs reisten auch Intellektuelle und Künstler an, wie etwa die Komponisten Richard Strauß und Richard Wagner, Friedrich Nietzsche, Gustav Klimt und Sigmund Freud.

Winterlich, aber sonnig und warm

Viele Gäste kamen oder blieben nur im Winter, denn das Klima Taorminas ist auch dann sehr mild, und man kann an sonnigen Wintertagen auf den Terrassen speisen und die gute Luft genießen. So kamen auch viele Lungenkranke Anfang des 20. Jahrhunderts, um in der frischen Meeresluft Heilung zu finden.

Auch nach dem Ersten und Zweiten Weltkrieg kamen Stars wie Romy Schneider, Greta Garbo und Willy Brandt. Doch nur die wenigsten im Winter. Und das erlaubt es bis heute jenen, die sich entschieden haben, in der vermeintlich kalten Jahreszeit anzureisen, preiswerte Unterkünfte zu finden.

Und: Die sizilianische Ostküste zwischen Messina und Catania ist im Winter nie überlaufen und kann in großer Ruhe genossen werden.

INFO

DIE BAROCKE

Im Süden von Taormina liegt direkt am Meer die Großstadt Catania. Im 17. Jh. wurde sie von einem verheerenden Ausbruch des Ätna und von verschiedenen Erdbeben zerstört und später wieder ganz neu errichtet, mit einem schachbrettförmigen Straßenmuster und komplett im Stil des sizilianischen Barocks. Das bedeutet, dass Kirchen und Paläste sehr üppig dekoriert und verziert wurden. Ein barockes Fest für das Auge, das den Spaziergang durch Catania zu einem ästhetischen Erlebnis macht. Natürlich bietet die von den Griechen gegründete Stadt auch noch viel Antikes, z. B. im städtischen Antikenmuseum oder im gut erhaltenen römischen Amphitheater.

WEITERE INFORMATIONEN

www.visititaly.com (auch in Deutsch)

← Traditionshotel Metropole mit Blick auf den mächtigen Ätna.
↑ Im historischen Stadtgarten von Taormina.

53

SACRA DI SAN MICHELE

WEHRHAFTES KLOSTER AUF EINEM BERG

Aus der Ferne gleicht diese mächtige und von Alpengipfeln umgebene Kloster- und Kirchenanlage einem Gebäude wie aus einem Harry-Potter-Film. Unbestritten zählt sie zu den eindrucksvollsten in ganz Italien.

Kein Wunder, dass sich der italienische Schriftsteller und Semiologe Umberto Eco von diesem auf den Besucher so abweisend wirkenden Wehrkloster zu seinem Weltbestseller »Im Namen der Rose« inspiriert fühlte.

Oben auf dem Gipfel des fast 1000 Meter hohen Monte Pichiriano im Osten des in der norditalienischen Region Piemont gelegenen Susatals, keine 35 Kilometer westlich von Turin, zog sich im späten 10. Jahrhundert der Erzbischof von Ravenna, Giovanni Vincenzo, als Eremit zurück. Doch schon vor seiner Ankunft war dieser Ort bekannt.

Römische Ureinwohner

Bevor der Berg zum Klosterberg wurde, errichteten die alten Römer im 1. Jahrhundert in luftiger Höhe eines ihrer Militärlager. Wahrscheinlich hatten vor ihnen schon Ligurier und Kelten die ungemein strategische Lage des Berges erkannt, von dem aus sich das Susatal, der Südrand der Alpen und der Montgenèvre-Pass perfekt kontrollieren lassen.

Der frommen Legende nach wurde mit dem Erzbischof aus Ravenna das Kloster gegründet. Etwas offizieller ist die Geschichte um eine adelige Stiftung aus dem späten 9. Jahrhundert: Unter einem benediktinischen Abt entstand ein erstes Kloster im romanischen Stil. Gearbeitet wurde an der Anlage bis ins 13. Jahrhundert hinein, was auch die Aufnahme von Bauelementen im damals modischen gotischen Stil erklärt. 1255 konnte dann endlich die Klosterkirche eingeweiht werden. Reich wurde die Mönchsgemeinschaft durch den Umstand, dass Rompilger über die Pilgerstraße, die Via Francigena, vorbeikamen.

Besonders schön im Winter

Doch im 14. Jahrhundert ging es mit dem Einfluss und dem Reichtum der Benediktiner vom Klosterberg bergab. Der Abt hatte sich in einem politischen Streit zwischen zwei Mitgliedern des das Piemont beherrschenden Hauses Savoyen auf die falsche Seite gestellt – das Kloster verlor im Lauf der Zeit seine politische und wirtschaftliche Souveränität und wurde 1622 schließlich aufgehoben. Es begann der Zerfall der mächtigen Anlage. Im 19. Jahrhundert besannen sich die Savoyer eines Besseren und nutzten fortan die riesige Anlage als Grabstätte für ihre Familie.

Der Klosterberg ist im Winter an vielen Tagen nur mit Schneeketten zu erreichen. Und die Fahrt zum Gipfel sollte man auch nur an Tagen unternehmen, an denen die ehemalige Klosteranlage geschlossen ist, denn der einsame Panoramablick gerade an Schneetagen vom Vorplatz des Klosters auf die weißen Alpen und ins Tal ist umwerfend.

INFO

RÖMISCHES SUSA

Nicht weit vom Klosterberg entfernt lockt die Kleinstadt Susa – auch sie im Winter oft ganz in Weiß. Sie ist römischen Ursprungs, und in ihrer Mitte erhebt sich der immer noch stattliche Triumphbogen für Kaiser Augustus. Sehenswert ist auch die romanische Kathedrale aus dem 12. Jh. mit beachtlichem Kirchenschatz. Direkt neben der Kirche erhebt sich die Porta Savoia aus der Römerzeit. Unbedingt empfehlenswert sind die Weine des Susatals: Eine echte Rarität ist der Eiswein Vino del Ghiaccio di Chiomonte, dessen Trauben erst nach Beginn der Winterzeit gekeltert werden.

WEITERE INFORMATIONEN

www.sacradisanmichele.com (auch in Deutsch)
Übernachtungstipp in Susa:
https://san-francesco-susa.hotel-mix.de

↖ Vorbild für Umberto Ecos Roman »Der Name der Rose«.
↑ Römischer Augustusbogen im schmucken Susa.

54

IL CARNEVALE DI VENEZIA

ZEIT ABSOLUTER AUSGELASSENHEIT

Der venezianische Karneval war nicht nur ein Maskenumzug, wie man ihn noch heute im Februar auf dem Markusplatz sehen kann, er war auch ein Fest, bei dem es um ein verwegenes und verführerisches Spiel des Wandels sozialer und geschlechtlicher Identitäten ging.

Am schönsten ist es, sich dann mit einer Gondel über den Canal Grande dem Palazzo Pisani Moretta zu nähern – festlich erleuchtet sind die Säle und Räume des eindrucksvollen Barockgebäudes auf drei Stockwerken, hell leuchten die großen farbenfrohen Kristalllüster und bestrahlen die Fresken und Stuckaturen an den Decken der Festsäle, aus denen Musik und Lachen erklingt. Will man dort mit von der Partie sein, muss man selbst festlich gekleidet sein, das ist Vorschrift. Ohne ein barockes oder rokokohaftes aufwendig gestaltetes Kostüm kommt man nicht hinein in den Palazzo und zum wohl reizvollsten Karnevalsfest Venedigs: dem Ballo del Doge, dem Dogenball.

Der prächtigste Ball Venedigs

Dieser Ball wird jedes Jahr während des Karnevals im Palazzo Pisani Moretta bis tief in die Nacht hinein gefeiert. Organisatorin ist die Venezianerin Antonia Sautter, die auch die dafür nötigen Kostüme in ihrem Geschäft vermietet – Hunderte verschiedener Kostüme, von einfach bis prunkvoll. Es ist schwer, sich für eines dieser Kostüme zu entscheiden, denn sie alle sind zauberhaft.

Der Begriff Carnevale als öffentliche Festzeit wurde offiziell zum ersten Mal im Jahr 1296 dokumentarisch vermerkt. Die Regierenden der Stadt erlaubten die ausgelassenen Festlichkeiten, die für eine begrenzte Zeitspanne alle gesellschaftlichen Schichten zusammen feiern durften. Ein soziales Ventil gewissermaßen, bei dem erlaubt wurde, was sonst streng verboten war.

Mit Napoleon endete, wie so vieles andere auch, die Ausgelassenheit des Carnevale veneziano. Erst 1979 erhob sich der Karneval wieder wie ein Phönix aus der Asche, auch dank der Hilfe des Teatro La Fenice und der Kunst-Biennale.

Karnevaleske Wiederauferstehung

Der moderne Karneval unterscheidet sich von den Feiern im 18. Jahrhundert. Der Carnevale veneziano heute ist vor allem ein heiteres Volksfest, mit zahllosen Menschen jeden Alters, die kostümiert und maskiert auf dem Markusplatz und durch die ganze Stadt prominieren.

In der Regel beginnt der Karneval im Februar. Da kann es in Venedig noch recht kühl und feucht sein, und aufwendig gestaltete Kostüme sind dann tatsächlich sinnvolle Kleidungsstücke. Venedig wird an den Karnevalstagen von Besuchern

geradezu überrannt. Aber oft reicht es schon aus, die Hauptrouten der Kostümparaden zu verlassen, wie etwa den Markusplatz, und schon ist man ohne viele Menschen unterwegs und kann dem Zauber der Lagunenstadt nachspüren.

INFO

FEUCHTKALT UND TROTZDEM ROMANTISCH

Wetterfest anziehen und hinaus in die Lagune, am besten mit einem der Vaporetti der städtischen Verkehrsgesellschaft! Die Fahrt nach Torcello ist zwar nicht kurz, führt aber durch die im Winter sehr malerische Lagune. Die nur von wenigen Menschen bewohnte Insel Torcello präsentiert sich in der kalten Jahreszeit verführerisch einsam, und ihre Kunstschätze, die beiden romanischen und mit traumhaft schönen Fresken geschmückten Kirchen Santa Maria Assunta und Santa Fosca, können in aller Ruhe besichtigt werden. Und anschließend kehrt man in der Locanda Cipriani ein, wie auch schon Ernest Hemingway und Queen Elisabeth II.

WEITERE INFORMATIONEN

Ballo del Doge: www.antoniasautter.it
www.locandacipriani.com

← Ganz normal an Karneval: Masken und Kostüme überall in Venedig.
↑ Prachtvolle Kostüme lassen sich in Venedig zu Karneval auch mieten.

55

AM SCHÖNSTEN IM WINTER – SABBIONETA

DIE IDEE EINER PERFEKTEN STADT

Herzog Vespasiano Gonzaga wollte aus dem Provinznest im 16. Jahrhundert eine Metropole der Künste machen. Einiges wurde realisiert, vieles blieb aber ein Traum. Das vor allem im Winter romantisch verschlafene Städtchen ist deshalb immer noch ein Geheimtipp.

Eine Aufnahme aus der Luft zeigt, wie klein Sabbioneta tatsächlich ist. Hier leben heute keine 4200 Menschen. Ein Kaff, würde man sagen – aber eines der schönsten ganz Italiens. Zwar in der Regel verschlafen und gerade deswegen noch sehr romantisch. Niemand würde vermuten, dass Sabbioneta einst die Hauptstadt eines größenwahnsinnigen Herrschers werden sollte, der sie zum Zentrum seines Staats machen wollte, zu einer Art neuem Athen der Künste, der Wissenschaften und der Musik.

Der Traum des Fürsten

Unbestritten war Vespasiano Gonzaga, der sich selbst Herzog von Sabbioneta nannte, eine der faszinierendsten und merkwürdigsten Persönlichkeiten des 16. Jahrhunderts. Ein Mann zwischen Renaissance und Barock, der einen ganz bestimmten Traum hatte und Sabbioneta einen bis heute nachwirkenden Stempel aufdrückte. Dieser Stein gewordene Teil seines Traums wurde deshalb 2008 komplett zum Kulturgut der UNESCO ernannt.

Der Spross aus dem Hause Gonzaga war ein Mann seiner Zeit, also gleichzeitig Heerführer, Politiker und Kunstmäzen. Er wollte sich eine »città ideale« errichten, eine ideale Stadt im Stil seiner Zeit, mit geraden Straßen, in deren Zentrum der Herrscher in seinem Palast residierte. 35 Jahre ließ Vespasiano an der Realisierung seines Traums arbeiten und schuf damit einen der faszinierendsten Orte der italienischen Renaissance.

← Ganz aus Holz: das einzigartige Teatro Olimpico.

Herrscherpalast mit ellenlanger Galerie

Zentrum von Sabbioneta ist die Piazza Ducale mit dem Palast Ducale aus dem Jahr 1568, dem offiziellen Wohn- und Amtssitz des Herzogs. Herrlich sind die geschnitzten kunstvollen Holzdecken und die drei lebensgroßen Pferdestatuen aus Holz. Wie es sich für einen kunstsinnigen Herrscher seiner Zeit gehörte, ließ sich Vespasiano hier auch eine Galleria degli Antichi errichten, einen Ort also, in dem antike Meisterwerke ausgestellt wurden. Diese seine Antikensammlung umfasste 32 Marmorstatuen und rund 20 Büsten, die er von seinem Vater und vom Großvater geerbt hatte. Mit dieser Galerie setzte sich Vespasiano eines seiner noch heute beachtenswertesten Denkmäler: Sie ist mit ihren 96 Metern einer der längsten und damit eindrucksvollsten Säle der gesamten Renaissance.

Theaterliebhaber mit Hang zur Kontemplation

Natürlich wollte Vespasiano als Liebhaber der Musik ein eigenes Theater. Und zwar nicht irgendeines: Vincenzo

Scamozzi baute ihm nach dem Vorbild des Teatro Olimpico in Vicenza ein prächtiges Bühnenhaus. Es handelte sich um das erste Theater Europas, das freistand und nicht Teil eines Palastes war, sondern nur den Zweck eines Theaters erfüllte.

Heute präsentiert es sich mit einem original rekonstruierten Bühnenbild, Sitzreihen wie in einem antiken Amphitheater und einem halbrunden Säulenportikus, gekrönt mit Statuen. Durch große Fenster wird dieser faszinierende Raum auf natürliche Weise erhellt.

Vespasiano wollte auch im Sinne der Antike einen Ort der Kontemplation haben. Dafür ließ er sich den zweistöckigen Palazzo del Giardino errichten. Schlicht von außen präsentieren sich die 15 Räumlichkeiten in seinem Innern mit herrlichen Fresken. Diese zeigen mythologische Szenen von antiken Helden, deren Leben und Abenteuer von dem Gonzaga als Vorbild für seine eigene Existenz angesehen wurden.

Die achteckige Chiesa dell'Incoronata sollte als Grablege des Geschlechts von Vespasiano Gonzaga dienen, aber nur er fand hier seine letzte Ruhe. In der Kirche kann man Vespasiano ins Gesicht schauen: Die Bronzestatue von Leone Leoni stammt aus dem Jahr 1588.

Vespasiano alias Phaeton

Kurios ist, dass auf erstaunlich vielen Fresken in den Bauten von Vespasiano der Mythos des Phaeton dargestellt wird. Phaeton wollte den Himmelswagen des Sonnengotts Helios über das Firmament lenken – ein hehrer Anspruch, denn obwohl Phaeton zunächst den Wagen lenkt und frohlockt, entgleiten ihm schließlich die Zügel und er stürzt. Dieser Sturz des Phaeton wurde in zwei wichtigen Sälen der Residenz des Gonzaga malerisch gestaltet, gleichsam einer Mahnung, einem Memento Mori.

Vespasiano Gonzaga starb 1591 mit 60 Jahren. Sein Erbe hinterließ er seiner einzigen Tochter, die ihn überlebt hat, Isabella, die einen Prinzen von Stigliano heiratete. Später regierte bis 1684 noch einmal ein letzter Gonzaga über den Marktflecken mit den beeindruckenden Bauten. Anschließend fiel Sabbioneta in einen Dornröschenschlaf und wurde erst viel später wiederentdeckt – als Ziel von Kunstfreunden. Aber auch sie kommen nicht gerade in Massen in die Kleinstadt, die abseits touristischer Routen liegt. Zum Glück: Ist Sabbioneta schon im Sommer nur wenig besucht, wirkt der Ort im Winter, an Tagen mit Raureif oder Schnee, zauberhaft einsam und malerisch.

Man sollte sich treiben lassen. Auch wenn die Kleinstadt wirklich nicht groß ist, gibt es viele Ecken und Gassen, die ungemein malerisch wirken. Bei jedem Wetter. Allerdings sollte man sich dick anziehen, denn im Winter kann es in Sabbioneta ziemlich kalt und feucht werden.

↗ Klein aber architektonisch und künstlerisch sehr fein: Sabbioneta.
→ Mächtige Stützbögen unterhalb der Galleria degli Antichi.

INFO

DER GRÖSSERE NACHBAR – MANTUA

Vespasiano Gonzaga blickte immer neidvoll auf das benachbarte Mantua (siehe auch Kapitel 47), wo die Gonzaga-Sprösse aus erster Linie lebten und regierten. Ihnen gelang im ganz großen Stil, was Vespasiano nur im Kleinen hinbekam: eine Renaissancestadt der Künste zu schaffen. Hier wirkten Kunstgrößen wie Andrea Mantegna, Giulio Romano, Pisanello und Leon Alberto Battista. Letzterer entwarf die Kirche S. Andrea, ein Meisterwerk der späten Renaissance. Die Piazza delle Erbe ist das grandiose Zentrum der Stadt mit bedeutenden Bauwerken wie der Rotonda di S. Lorenzo aus der Romanik. Im Palazzo Ducale befindet sich eine der wichtigsten Pinakotheken der Lombardei mit Werken von Rubens, Tintoretto u. v. a. Das sicherlich faszinierendste Bauwerk ist der Palazzo Te, errichtet und ausgemalt von Giulio Romano für Herzog Federico II. Gonzaga: Die Freskenzyklen gehören mit ihren riesigen Figuren zu den eindrucksvollsten in Italien – ein kurioser flacher Bau, typisch für die an der römischen Antike ausgerichtete Renaissance.

WEITERE INFORMATIONEN

www.turismosabbioneta.org
www.turismo.mantova.it

56

WINTERLICHES ROM

ITALIENS HAUPTSTADT ZWISCHEN DEN FESTEN

Die Tage zwischen Weihnachten und Heilig-Drei-König gehören zur schönsten und stimmungsvollsten Zeit im römischen Kalender – zum Glück haben das die meisten Touristen noch nicht entdeckt, wahrscheinlich abgeschreckt durch die Idee einer eiskalten Stadt.

Zwischen dem 23. Dezember und dem 6. Januar kommen nur wenige Reisende aus dem Ausland nach Rom. Aus dem übrigen Italien ja, denn die Italiener wissen, dass diese Zeit in ihrer winterlichen Hauptstadt ungemein reizvoll ist.

Sicherlich, warm ist es dann nicht in Rom, denn in der Regel wird es ab Dezember auch am Tiber kalt, allerdings ohne Temperaturen unter 0 °C. Aber auch Temperaturen um die 8 oder 10 °C können in Rom unangenehm werden, vor allem, wenn Winde wehen. Doch sehr oft scheint die Sonne vom azurblauen Winterhimmel und taucht die Gebäude aus über 2500 Jahren Kulturgeschichte in ein strahlendes Licht. Und um den Jahreswechsel herum kann man traumhaft schöne Sonnenuntergänge erleben, zudem kann es zur Mittagszeit angenehm warm werden, und viele Römer und Besucher sitzen dann beim Mittagessen gern draußen auf den Terrassen der Cafés und Lokale.

Winterlich weihnachtliche Leckereien

Weihnachten in Rom ist zauberhaft. Die wichtigsten Einkaufsstraßen werden mit Lichterketten geschmückt, und auf der Piazza Venezia wie auf dem Petersplatz ziehen sehr große und reich geschmückte Weihnachtsbäume zahllose Besucher an – man geht, wie es in Rom heißt, Weihnachtsbäume gucken.

Wer in diesen Tagen in Rom weilt, sollte unbedingt die Christmette im Petersdom besuchen – die riesige Kirche, in der der Papst die Geburt des Gottessohns zelebriert, ist dann festlich erleuchtet. Und am ersten Feiertag strömen all jene in die Kirchen, die ihr sonst fernbleiben, d. h., alle Kirchen sind geöffnet und können besichtigt werden.

In den Lokalen und Cafés werden zu dieser Zeit die unterschiedlichsten Panettoni serviert, die typisch italienischen Weihnachtskuchen. Ursprünglich stammen sie aus Mailand, sind heute aber auch in Rom ein weihnachtliches Muss.

Am 6. Januar kommen in Italien und Rom nicht die Heiligen Drei Könige, sondern die Befana (siehe dazu auch Kapitel 48), eine wahrscheinlich aus der vorchristlichen Zeit stammende gute Hexenfigur, die den braven Kindern Süßigkeiten schenkt und den bösen Kindern ein Stück schwarzer Kohle. Auf den Weihnachtsmärkten und in den Konditoreien Roms werden diese Befana-Leckereien um den 6. Januar herum feilgeboten. Der Befana-Tag ist auch deshalb reizvoll, weil dann fast alle Eltern mit ihren vor allem kleinen Kindern unterwegs sind und die Stadt sehr beleben.

← Roms schönstes Freilichttheater für Film, Tanz und Musik.
↓ Weihnachtliche Lichterketten schmücken viele Straßen in Roms Altstadt.

INFO

KRIPPEN GUCKEN GEHEN

Jede Kirche Italiens, die etwas auf sich hält, zeigt zur Weihnachtszeit ihre eigene Krippe. Auch in Rom natürlich: Je prächtiger die Gotteshäuser, umso eindrucksvoller sind die Krippen, die mehrere Quadratmeter groß sein können, mit Dutzenden von Figuren. In der Weihnachtszeit ist es Brauch, dass die Familien von einer Kirche zur anderen spazieren und damit Krippen-guckengehen. Es gibt klassische und traditionelle, aber auch alternative Krippen, etwa aus wiederverwertbaren Materialien. Im Hauptbahnhof Stazione Termini wird ebenfalls eine große Krippe aufgebaut, zur Freude nicht nur der Reisenden, sondern auch der Römer aus der Nachbarschaft.

WEITERE INFORMATIONEN

www.tourist-in-rom.com

57

DIE KRIPPEN VON NEAPEL

DURCH DIE BERÜHMTESTE STRASSE UNTERHALB DES VESUVS

Eine schmale Straße, kerzengerade, nicht länger als 500 Meter und nur acht Meter breit, links und rechts bis zu sieben Stockwerke hohe Häuser aus der Zeit des 16. bis 19. Jahrhunderts: Die Via San Gregorio Armeno im historischen Zentrum von Neapel wird zur Weihnachtszeit zum Krippenparadies.

Die Via San Gregorio Armeno ist viel mehr als nur eine Geschäftsstraße im historischen Zentrum Neapels, sie ist vielleicht die berühmteste Straße der Stadt unter dem Vesuv. Und ganz sicher ist sie die zur Weihnachtszeit am häufigsten besuchte. Dann kommen den ganzen Tag über und besonders an den Wochenenden neben den Kunden auch zahlreiche Neugierige, Einheimische und Touristen.

Heiß begehrte Holzfiguren

Um aber eine der kompletten Krippen zu besichtigen, muss man die Geschäfte hinter sich lassen und in die Innenhöfe vordringen. Hier wird gearbeitet, das ganze Jahr über, auch im Hochsommer, wenn die meisten Neapolitaner ans Meer fahren und mit Weihnachten nichts im Sinn haben. Die Krippenbauer in der Via San Gregorio Armeno werkeln zwölf Monate lang, denn in der Weihnachtszeit muss alles fertig und die Lager müssen voll sein. Schließlich sind die Krippen und ihre Figuren in ganz Italien und auch im Ausland begehrt.

In dieser Straße reiht sich ein Laden an den anderen, Geschäfte mit einladenden Schaufenstern, in denen sich kleine und große Holzfiguren drängeln: Maria und Josef, das Christuskind, die Heiligen Drei Könige und Tiere aller Art. Die Figuren sind in verschiedenen Maßen zu haben: vom Taschenformat (5 cm) bis zu den aufwendig gestalteten Figuren, die bis zu 30 Zentimeter hoch sind und mehr als 1000 Euro kosten.

In einigen Schaufenstern werden auch Krippenbauteile zum selbst Zusammensetzen feilgeboten: Säulen und Bögen, ganze Häuser oder Häuserteile, Treppen und Ställe. Alles aus Holz und Pappmaschee und sorgfältig bemalt, um einen möglichst realistischen Eindruck zu erwecken.

Monumentale Krippenkunstwerke

Die Hausnummer 19a birgt den Eingang zum Krippenbauunternehmen der Familie Capuano, die sich seit acht Generationen den Krippen verschrieben haben – vom Großvater bis zu den Enkeln arbeiten hier alle mit. (Dass Kinderarbeit in Italien – wie in ganz Europa – eigentlich verboten ist, stört niemanden, auch wer gerade mal zwölf, dreizehn Jahre alt ist, muss ran an die Krippe, direkt nach der Schule.) Ein kleines und bis unter die Decke mit Krippenutensilien gefülltes

→ Eine ganze Straße nur mit den Werkstätten von Krippenbauern!

Paradies. Die einzelnen Figuren hängen von der Decke, dicht nebeneinander. Eine kleine Krippe gibt es für 150 Euro, die teuerste kostet um die 10 000 Euro. Für eine mehrere Quadratmeter große Szenografie, also die nackte Krippenkonstruktion ohne die Figuren, muss man mehrere Tausend Euro ausgeben.

Seit über 200 Jahren haben die Capuanos einen großen Namen, ihre Krippenmeisterwerke stehen in den prächtigsten Palästen und Kirchen Neapels. Eine monumentale Capuano-Krippe kann bis zu 15 Quadratmeter groß sein und umfasst dann neben dem einfachen Stall für die Geburt Jesu und neben Wohnhäusern auch einen üppig gestalteten Markt mit verschiedenen Ständen, auf denen Obst und Gemüse feilgeboten werden, eine Bäckerei und eine Kirche, einen Platz mit Geschäften und einem Barbiere, mit Spaziergängern und Landschaftsszenen. Eine dieser Riesenkrippen befindet sich auch im römischen Quirinalspalast, dem Amtssitz der italienischen Staatspräsidenten. Dieser erbte sie von den italienischen Königen, die bis 1948 in dem Palazzo wohnten.

Barock und aufwendig

Die Krippen aus Neapel sind in ganz Italien berühmt. Es handelt sich ausschließlich um Krippen im barocken Stil mit aufwendig gestalteten Dekorationen, mit Gebäuden aller Art und Straßen, Gassen und Plätzen, mit antiken Ruinen, Kuppeln und zahlreichen Figuren. Die eigentliche biblische Szene mit Maria, Josef, dem Christuskind und den Tieren im Stall muss man in diesen reich gestalteten Krippeninstallationen oft erst suchen . . .

Kurios ist der Umstand, dass die Krippenbauer jedes Jahr berühmte Persönlichkeiten zu Krippenfiguren ernennen: aktuell beliebte Fußballer und Politiker wie derzeit Italiens erste Regierungschefin Giorgia Meloni und der Präsident der Ukraine Wolodymyr Selenskyj. Ein Bestseller unter diesen aktualisierten Krippenfiguren ist immer wieder die Darstellung des Medienzaren Silvio Berlusconi, der in Neapel sehr beliebt ist.

Individuell gestaltete Figuren

In der Weihnachtszeit haben die Capuanos logischerweise viel zu tun, und in der Werkstatt wird auf Hochtouren gearbeitet. Neben den zahlreichen Kunden aus der Laufkundschaft gibt es auch Sammler, die sich jedes Jahr eine der großen Figuren leisten, um ihre private Krippe anzureichern. Auf Wunsch werden die Krippenfiguren ganz individuell dem Geschmack des Kunden angepasst (etwa die Größe der Brüste weiblicher Krippenfiguren o. Ä.).

Die in den Sommermonaten gefertigten Krippen und ihre Figuren werden unterhalb des Ladens in bis zu zehn Meter hohen Gewölbekellern aufbewahrt, wo sie vor Dieben sicher sind – denn Krippendiebe gibt es in Napoli viele!

Ob es auch daheim bei der Familie Capuano eine Krippe gibt? Nein, lautet die entschiedene Antwort. Mit Krippen habe man so viel zu tun, dass man zu Hause gut darauf verzichten könne.

↖ Typisch neapolitanische Häuserkonstruktion für eine traditionelle Krippe.
↖ Natürlich darf Papa Francesco unter den modernen Krippenfiguren nicht fehlen.
→ Nicht vergessen: Leckereien in der Traditionskonditorei Scaturchio probieren.

INFO

ORIGINAL NEAPOLITANISCHE LECKEREIEN

Das Scaturchio an der zentralen Piazza Amadeo 8 ist das Hauptziel vieler Süßmäuler: Die seit 1905 bestehende Konditorei ist berühmt für ihre Süßwaren, vor allem für ihre weiche, zarte, delikat schmeckende Torta Babà. Dieser stets frisch zubereitete hohe runde Napfkuchen aus süßem Hefeteig wird nach dem Backvorgang mit einer Mischung aus Rum und Zucker getränkt. Unbedingt probieren! Das gilt auch für die zweite berühmte Spezialität von Scaturchio, die bis nach Rom und ins Ausland verschickt wird: die Pastiera in ruoto da viaggio. Eigentlich ein Kuchen für die Osterzeit (und der Legende nach einst als Gabe für die griechische Meerjungfrau Parthenope gebacken), wird diese Pastiera hier das ganze Jahr über genossen: ein köstlicher Kuchen aus Mehl und Ricottakäse, Orangenblütenwasser, Zucker und Gewürzen. Keine »dolci«, Süßspeisen für Kalorienverächter, aber unbedingt probieren.

WEITERE INFORMATIONEN

www.fratellicapuanodal1840.com
https://scaturchio.it

58

EINE AUGENWEIDE – PROCIDA

BESUCH BEI DEN FISCHERN IM GOLF VON NEAPEL

In der warmen Jahreszeit ist diese Insel ein »carnaio«, was man mit heillos überlaufen übersetzen könnte. Doch außerhalb der Touristensaison ist Procida ein Geheimtipp zum Entspannen und Genießen.

Keine 4,5 Quadratkilometer groß und mit nur rund 10 000 Einwohnern präsentiert sich die Insel Procida im Golf von Neapel in den Wintermonaten wie eine zauberhafte Postkarte aus einem Italien, das noch nicht zu einem Touristenziel Nummer eins geworden ist. Von der kleinen Hafenstadt aus geht es mit einem Schiff gemächlich auf dieses Eiland, dessen Namensursprung vielfältig ist. Einer griechischen Sage zufolge soll hier die Amme des trojanischen Helden Äneas gestorben sein und ihre letzte Ruhe gefunden haben.

Herrliche Inseleinsamkeit

Wahrscheinlich kamen die Griechen schon im 16. Jahrhundert v. Chr. auf das Eiland, und zwar aus Mykene. Auf die Römer folgten die Wandalen und Goten, sarazenische Piraten, Normannen und Staufer, die Spanier und – bis zur italienischen Staatseinigung – die neapolitanischen Bourbonen. Vielleicht sind wegen dieser vielen Besatzungsmächte die Einwohner Procidas so unglaublich entspannt ihren Besuchern gegenüber.

Vor allem im Winter kann man den ganzen Zauber der Insel in Ruhe genießen, mit ihren Ortschaften mit den mehrfarbig angestrichenen reizenden Häusern und den Kirchen mit ihren Kuppeln, die im Wintersonnenlicht leuchten. Die Wanderwege über die Insel sind eine wahre Freude an warmen Wintertagen, in den Lokalen und Cafés muss man nicht auf freie Plätze warten, und wer eine Ferienwohnung gemietet hat, kann frühmorgens, wenn die Fischer von ihren Fahrten zurückkehren, sein Mittagessen direkt am Hafen kaufen.

Beliebt bei Literaten und Regisseuren

Die Wintersonne kann man an vielen Tagen auf den kleinen Plätzen, der Hotel- oder der Apartmentterrasse genießen – am besten lesend, z. B. eines der Werke der berühmten Schriftstellerin Elsa Morante, die auf Procida nicht nur Ferien machte, sondern hier 1957 auch »Die Insel von Arturo« schrieb, natürlich mit der Insel als Hintergrund der Romanhandlung.

Zu dieser Jahreszeit kommen auch gern Regisseure hierher – auf der an Wintertagen ungemein hellen Insel wurden schon so preisgekrönte Filme gedreht wie »Der Postmann« (»Il postino«, mit Philippe Noiret) und »Der talentierte Mr. Ripley« mit Matt Damon, und auch Stars wie Sofia Loren drehten hier Filme. Kein Wunder, ist Procida doch ein Traum von

einer süditalienischen Insel mit Hügeln und kleinen Ortschaften, malerischen Häfen und Leckereien vor allem aus dem Meer. Das erklärt auch, warum nicht wenige italienische Schriftsteller und Journalisten nur im Winter hierherkommen, um ganz in Ruhe in schöner Umgebung arbeiten zu können.

INFO

DIE SOLFATARA VON POZZUOLI

Vor oder nach einem Besuch Procidas sollte man im Winter die Solfatara auf dem Festland bei der Kleinstadt Pozzuoli besuchen: ein wahrer Höllenort, liegt er doch im Zentrum der Phlegräischen Felder, einem der aktivsten Erdbebengebiete Europas. Der Krater mit einem Durchmesser von rund 700 m, der vor rund 4000 Jahren entstand, kann begangen werden. Noch heute entweichen hier stinkende Gase und Dämpfe aus den sogenannten Solfataren. Ruinen bezeugen, dass schon die Römer diesen unwirtlichen Ort als Sauna nutzten. Der Dampf, der Gestank und das farbige, weil mineralhaltige Gestein machen diesen Ort zu einem der faszinierendsten der Region.

WEITERE INFORMATIONEN

www.visitprocida.com
Besichtigung der Sulfataren: www.solfatara.it

← Angenehm leer präsentiert sich die im Sommer überfüllte Insel Procida im Winter.
↑ Es stinkt zum Himmel, aber die Solfatara ist ein echtes Erlebnis.

59

GÖTTLICHES SATURNIA

THERMENSELIGKEIT IN DER KALTEN JAHRESZEIT

Wo der Zorn antiker Götter die Menschen einst bestrafen wollte, sprudeln heute vielerlei Heilquellen aus dem Erdreich – Thermen für jeden Geldbeutel oder auch ganz umsonst unter freiem Himmel.

Über die Gesundheit und das Alter der Menschen, die in der Nekropole von Saturnia bestattet sind, ist heute nichts mehr bekannt. Doch schätzten sie zu ihren Lebzeiten sicher die Heilquellen der Region: Schon die Etrusker nutzten das 37,5 °C warme und schwefelhaltige Wasser, das bei Saturnia immer noch aus dem Erdboden quillt.

Einer antiken Sage nach entstanden die Heilquellen von Saturnia infolge eines Zornausbruchs des Gottes Saturn: Dieser soll sich über die Menschen auf der Erde so geärgert haben, dass er einen gewaltigen Blitz vom Himmel herabschickte, der genau auf einen unterirdischen Vulkan traf – und seither sprudelt das Schwefelwasser an die Erdoberfläche, zur Freude der eigentlich bestraften Sterblichen.

Kuren unter freiem Himmel

Heute präsentiert sich Saturnia als eine Therme der Spitzenklasse. Vor allem die Terme di Saturnia ist ein Kurhotel vom Allerfeinsten, das zu den Topadressen nicht nur Italiens gehört. Für diejenigen Kurinteressierten, die nicht so viel Kleingeld zur Verfügung haben, um sich im Hotel verwöhnen zu lassen, gibt es die Möglichkeit, in Saturnia kostenlos und unter freiem Himmel zu kuren: In der Umgebung befinden sich zahlreiche weitere Heilquellen, die jedermann rund um die Uhr zugänglich sind.

Um das Risiko voller Thermenanlagen zu vermeiden, empfiehlt es sich, im Winter zu kommen. Das Thermalwasser von Saturnia bietet auch in der kalten Jahreszeit eine perfekte Temperatur, sodass das Baden im Freien unter einem oft azurblauen Winterhimmel ohne besondere thermische Probleme möglich ist.

Während im Sommer der freie Thermalbereich buchstäblich von Badegästen gestürmt wird, die unterhalb des Wasserfalls baden wollen – das gilt auch das Jahr über für die Wochenenden –, geht es im Winter entschieden ruhiger zu.

Keine Furcht vor Kälte

Das angenehm warme Thermalwasser der Terme di Saturnia ist reich an wohltuenden Eigenschaften. Für diejenigen, die ein Upgrade wünschen – am besten bei klarem Winterhimmel –, gibt es auch die Möglichkeit, die Thermen nachts zu besuchen, da der Naturpark immer geöffnet und der Eingang nicht versperrt ist.

Klar, in einer Winternacht im Badeanzug oder in der Badehose in eine toskanische Thermenwanne zu steigen, erfordert sicher ein wenig Überwindung. Aber das Wasser ist schön warm, und wenn man dann aus dem Wasser steigt, spürt man zwar den Temperaturwechsel, aber das ist ein Problem, das ein mitgebrachter warmer Bademantel schnell lösen kann.

INFO

GEHEIMTIPP MANCIANO

Unweit der Heilquellen sollte man unbedingt Manciano besuchen. Auf einem 440 m hohen Hügel gelegen, mit nur knapp 7000 Einwohnern, hat Manciano seinen mittelalterlichen Charme perfekt bewahren können. Im Dorf locken eine Burg, Stadtmauern, mittelalterliche Kirchen und Palazzi. Reizvoll sind Spaziergänge in der direkten Umgebung: Gleich vier etruskische Nekropolen können entdeckt werden, mit Hunderten von Gräbern, mitten in der Natur. Bei einem Besuch dieser Totenstätten wird deutlich, wie unterschiedlich die Etrusker die Gräber errichteten: in der Nekropole von Sede di Carlo etwa in Brunnenform im Erdreich, in Pian di Palma in Form von Grabkammern mit großen Vorräumen.

WEITERE INFORMATIONEN

www.termedisaturnia.it

← Kalkwannen mit heißen Dämpfen verlocken auch im Winter zu einem Kurbad.

↑ So voll wie hier im Sommer ist es im Winter garantiert nicht.

60

IM TOSKANISCHEN CHOCOLAT VALLEY

NASCHKATZEN IM VERKOSTUNGSRAUSCH

Nirgendwo sonst in Italien kreieren so viele Maestri della Cioccolata so viele fantastisch gute Leckereien, die jedes Jahr wieder mit internationalen Preisen ausgezeichnet werden.

Pistoia und einige andere Ortschaften der Umgebung werden inzwischen »Chocolat Valley« genannt, das Schokoladental. Nur hier in der Toskana, zwischen Montecatini Terme und Pistoia, wird so viel hochwertige Schokolade produziert, gibt es so viele Meister-Chocolatiers, die Qualitätsschokolade kreieren – die natürlich besonders in der kalten Jahreszeit zum Verkosten lockt, denn bei sommerlicher Hitze mundet sie längst nicht so gut.

Wie etwa bei Giorgia Corsini in Pistoia. Ihre Konditorei mit dem Familiennamen Corsini befindet sich an der Piazza San Francesco. »Mein Urgroßvater gründete das Geschäft 1918«, so die Schoko-Fachfrau, »wir produzieren die gleichen Produkte wie damals und verpacken sie auch wie vor fast 100 Jahren.«

Die süße Qual der Wahl

In keinem anderen Ort Italiens können Besucher neben den zahlreichen historischen Gebäuden auch so viele unterschiedliche Schokoladengeschäfte aufsuchen wie in Pistoia, u. a. die Boutique Chocolate & Company von Fabio Moschini und Adria Grazzini. Deren Spezialitäten sind Pralinen, die mit Gewürzen gefüllt werden. Adria ist mit einem Marokkaner verheiratet und reist häufig nach Casablanca, um bei den dortigen Händlern auf den Märkten besonders geschmacksintensive Gewürze zu erwerben, die dann im eigenen Laboratorio verarbeitet werden. »Unser Hit«, so der verführerische Ratschlag Fabios, »ist eine Praline mit Skingbir aus Marokko, einer Ingwerart.«

So unterschiedlich die vielen historischen Kirchen Pistoias in Ausstattung und Baustil sind, so verschieden sind auch die Auslagen der Chocolatiers in der italienischen Schokoladenhauptstadt. Das urige und mit Schokowaren bis unter die Decke vollgepfropfte Geschäft von Roberto Catinari Chocolate Art liegt an der Ausfallstraße Richtung Florenz, und keine 20 Meter davon entfernt können Neugierige die Werkstatt besichtigen.

Schokoschätze für jeden Geschmack

Nur zehn Autominuten von Adrias würzigen Schokoschätzen entfernt, in der benachbarten Ortschaft Monsumanno Terme, führt Andrea Slitti Interessierte durch seinen unwiderstehlichen Laden, wo man gar nicht weiß, was man zuerst probieren soll: die Schokocremes oder die Pralinen, die Schokoladen mit Earl Grey oder grünem Tee oder die Teelöffel aus purer Schokolade, die man – direkt an der hauseigenen Kaffeebar – in eine Tasse heißen Kaffee stellt, damit sie sich auflösen und dem Getränk einen fantastischen Geschmack verleihen. Ein wahrhaftiger Traum für alle Chocoholics! … für alle Chocoholics, die Massenschokolade von echter Feinschmeckerkost unterscheiden können.

INFO

HERZHAFT UND LECKER

In Pistoia isst man aber nicht nur Schokolade, es gibt auch einige leckere herzhafte Gerichte, die ortsspezifisch sind: wie »il Carcerato«. Der Name Gefängnisinsasse erklärt sich durch den Umstand, dass das alte Gefängnis von Pistoia einst von den städtischen Fleischergeschäften umgeben war, und die Gefangenen baten einst die Fleischer um die Reste ihrer Waren, die sonst weggeworfen wurden. Daraus entstand eine sehr deftige Suppe, die noch heute in vielen Lokalen serviert wird. Sie besteht aus gekochten Innereien, altem Brot, geriebenem Schafskäse, Möhren, Zwiebeln, Sellerie, Salz, Basilikum und Pfeffer.

WEITERE INFORMATIONEN

www.robertocatinari.it
www.slitti.it
www.brunocorsini.com

← Der Campo dei Miracoli ganz in Weiß.
↑ In der ganzen Toskana kann es im Winter schon mal schneien.

Winterzauber in den italienischen Alpen.

REGISTER

IMPRESSUM

Verantwortlich: Susanne Kaufmann
Redaktion: Anette Späth
Art Direction: Peter Feierabend
Satz und Layout: Frank Behrendt
Umschlaggestaltung: Kaj Ritter
Repro: LUDWIG:media
Kartografie: Huber Kartografie, Heike Block
Herstellung: Alexander Knoll
Printed in Turkey by Elma Basim

★★★★★

Sind Sie mit diesem Titel zufrieden? Dann würden wir uns über ihre Weiterempfehlung freuen.
Erzählen Sie es im Freundeskreis, berichten Sie Ihrem Buchhändler, oder bewerten Sie bei Onlinekauf. Und wenn Sie Kritik, Korrekturen, Aktualisierungen haben, freuen wir uns über Ihre Nachricht an Bruckmann Verlag, Postfach 40 02 09, D-80702 München oder per E-Mail an lektorat@verlagshaus.de

Unser komplettes Programm finden Sie unter
www.bruckmann.de

In diesem Buch wird aus Gründen der besseren Lesbarkeit das generische Maskulinum verwendet. Weibliche und anderweitige Geschlechteridentitäten werden dabei ausdrücklich mitgemeint, soweit es für die Aussage erforderlich ist.

Empfehlung der Redaktion
Sie sind auf der Suche nach weiterführender Literatur? Dann empfehlen wir Ihnen den Titel » Secret Citys Italien « von Thomas Migge.

Umschlagvorderseite: Festland v.o.n.u.: shutterstock: Olha Sydorenko, Marco Fine, Kotkoa, StevanZZ, prochasson frederic, Roman Babakin, kwest, Roman Babakin; Sardinien v.o.n.u: shutterstock: Vlas Telino studio, Stefano Garau; Schneeflocke: shutterstock/BluesMan3000; Schmetterling: shutterstock/LedyX; Blumen: shutterstock/Rachel Moon; Herbstblätter: shutterstock/JBOY; Seestern und Muscheln: shutterstock/rangizzz
Umschlagrückseite: Weihnachtsbaum vor dem Kolosseum in Rom; Frühling in den Abruzzen; Sonnenuntergang im Gran-Sasso-Massiv; Manarola an der Küste Cinque Terre.
S. 2/3: Amalfi schmiegt sich zwischen Meer und Bergen in die Landschaft.
S. 6/7: Grandioser Blick auf die süditalienischen Inseln Vulcano und Lipari mit ihren erloschenen Vulkanen
S. 190/191: Ein monumentaler Weihnachtsbaum vor Roms größtem antiken Monument.

Die Deutsche Nationalbibliothek verzeichnet diese Publikation in der Deutschen Nationalbibliografie; detaillierte bibliografische Daten sind im Internet über http://dnb.d-nb.de abrufbar.

Infanteriestraße 11a
80797 München
ISBN: 978-3-7343-2846-6

DER AUTOR

Thomas Migge ist Politologe und Historiker. Er arbeitet u.a. für den Deutschlandfunk und schreibt für Zeitschriften und Magazine wie »Brigitte« und »Der Feinschmecker«. Er ist Autor zahlreicher Bildbände im Bruckmann Verlag und kennt Italien u.v.a. Venetien, die Toskana, das Friaul und Rom wie seine Westentasche. Seit über fünfzehn Jahren lebt er als Auslandskorrespondent in Rom.

BILDNACHWEIS

Lookphotos: S. 2/3 Jalag / Di Lorenzo, Andrea, 6/7 Visions from Earth, 8 l.u. Lubenow, Sabine, 8/9 u. robertharding, 8 u.M. Lubenow, Sabine, 9 u.M. ClickAlps, 9 o. Pollex, Sylvia, 9 u.r. ClickAlps, 10 u.l. ClickAlps, 10 o. Hemis, 10/11 u. Frei, Franz Marc, 10 u.M. travelstock44, 11 o. ClickAlps, 11 u.M. Stankiewicz, Thomas, 11 u.r. Photononstop, 12 ClickAlps, 13 Strauß, Andreas, 14 age fotostock, 16/17 ClickAlps, 18 u.l. age footstock, 18 u.r. Glasshouse Images, 20/21 Design Pics, 22/23 robertharding, 24 robertharding, 25 r. robertharding, 25 l. robertharding, 26/27 Strauß, Andreas, 30 robertharding, 31 age footstock, 32 Visions from Earth, 33 Waldecker, Frank, 34/35 Lederer, Nicola, 36 Lubenow, Sabine, 38 Lubenow, Sabine, 39 o. robertharding, 39 u. ClickAlps, 40 Johaentges, Karl, 41 Lubenow, Sabine, 42 Lubenow, Sabine, 43 age footstock, 44 age footstock, 45 Photononstop, 46 robertharding, 48 Lubenow, Sabine, 49 Photononstop, 50 u. age footstock, 51 Photononstop, 52 Meinhardt, Olaf, 53 Richter, Jürgen, 54 Wothe, Konrad, 55 robertharding, 56 robertharding, 57 Richter, Jürgen, 58 Richter, Jürgen, 61 Endler, Heinz, 62 robertharding, 64 age fotostock, 65 robertharding, 66/67 ClickAlps, 68 Bias, Helge, 69 ClickAlps, 72 u. Stankiewicz, Thomas, 74 Pompe, Ingolf, 75 Delimont, Danita, 76 ClickAlps, 77 ClickAlps, 78 Wagner, Hanna, 80 Wagner, Hanna, 81 o. Richter, Jürgen, 81 u. robertharding, 82 robertharding, 83 robertharding, 84 Hemis, 85 Johaentges, Karl, 87 Stankiewicz, Thomas, 91 ClickAlps, 92/93 robertharding, 95 Greune, Jan, 96 o. robertharding, 98 Avalon.red2, 99 Frei, Franz Marc, 100 Frei, Franz Marc, 101 Frei, Franz Marc, 103 Stankiewicz, Thomas, 104 robertharding, 108/109 ClickAlps, 111 robertharding, 112 o. robertharding, 112 u. robertharding, 113 Martini, Rainer, 114 Haug, Arnt, 115 Haug, Arnt, 116 age footstock, 117 ClickAlps, 118 Eiben, Hans Georg, 119 ClickAlps, 120 ClickAlps, 121 Delimont, Danita, 122 Stankiewicz, Thomas, 123 ClickAlps, 126 Visions from Earth, 127 u. Stankiewicz, Thomas, 127 o. Visions from Earth, 128 Johaentges, Karl, 129 age footstock, 130 age footstock, 131 Frei, Franz Marc, 132 Wothe, Konrad, 133 / Jalag / Bossemeyer, Klaus, 134 Kreuzer, Martin, 135 age footstock, 136 ClickAlps, 137 Haug, Arnt, 138 Cavan Images, 139 Cavan Images, 140 Stankiewicz, Thomas, 141 Frei, Franz Marc, 144/145 ClickAlps, 146 ClickAlps, 147 Delimont, Danita, 148 Strauß, Andreas, 149 robertharding, 152 Daniel Schoenen, 154 o. Daniel Schoenen Fotografie, 154 u. Daniel Schoenen Fotografie, 156 Eiben, Hans Georg, 157 Wagner, Hanna, 159 Richter, Tobias, 160 u. Aumiller, Sonia, 160 o. Johaentges, Karl, 161 age fotostock, 162 ClickAlps, 163 Haug, Arnt, 164 ClickAlps, 165 age footstock, 166 Photononstop, 167 Johaentges, Karl, 172 age footstock, 173 Tre Torri, 176 o. age footstock, 176 u. Johaentges, Karl, 177 age footstock, 178 robertharding, 180 Meinhardt, Olaf, 181 Jalag / Borges, Darshana, 182 Visions from Earth, 183 ClickAlps, 184/185 Aumiller, Sonia, 190/191 robertharding;

Shutterstock: S. 8 o. essevu, 18 o. David Petrik, 19 l. Vectorgoods studio, 19 u.r. Artiste2d3d, 19 o.r. Noch, 27 LedyX, 28 essevu, 29 essevu, 47 Bernd Juergens, 50 o. Vadym Lavra, 59 Borisb17, 67 rangizzz, 71 Giovanni Rinaldi, 72 o. maudanros, 73 Gonzalo Buzonni, 86 Massimo Todaro, 88 lindasky76, 89 Wirestock Creators, 90 SerFeo, 96 u. Dionisio iemma, 97 Mariana Feltrin Filippini, 102 Cristian Rossi, 106 u. Francesco Ricciardi Exp, 106 o. Simone Crespiatico, 107 Francesco Bonino, 109 JBOY, 124 FVPhotography, 125 SuperPapero, 142/143 AWP76, 145 Olga Popova, 150 DARRAY, 151 u. HE WEIJING, 151 o. Daria Trefilova, 155 maudanros, 168 Diego Bonacina, 171 u. Alexandre Rotenberg, 171 o. D-VISIONS, 175 BlackMac, 179 Pablo Debat;

Weitere: S. 60 Massimiliano Nocchi/Silvia Nicolai